垂直进化

重构社区商业新闭环

田锐 著

看懂社区商业规划优势
做把握转型机遇的创业者

COMMUNITY
BUSINESS IS
EVOLVING
VERTICALLY

上海远东出版社

图书在版编目（CIP）数据

垂直进化：重构社区商业新闭环 / 田锐著. —上海：上海远东出版社，2024
ISBN 978-7-5476-1999-5

Ⅰ.①垂… Ⅱ.①田… Ⅲ.①智能技术-应用-生态农业-研究-中国
Ⅳ.①F323.2-39

中国国家版本馆CIP数据核字（2024）第072569号

责任编辑 陈占宏
封面设计 刘　斌

垂直进化：重构社区商业新闭环

田　锐　著

出　版　上海远东出版社
　　　　（201101　上海市闵行区号景路159弄C座）
发　行　上海人民出版社发行中心
印　刷　上海锦佳印刷有限公司
开　本　710×1000　　1/16
印　张　15.5
插　页　1
字　数　201,000
版　次　2024年8月第1版
印　次　2024年8月第1次印刷
ISBN　978-7-5476-1999-5/F·731
定　价　68.00元

/ 推荐序一 /

2024，将是一个全新大时代的开始！

新年伊始，随着王家卫导演精耕细作十年的佳作——《繁花》的热播，一个个大电影般的唯美镜头，将人们的焦点引向中国股市的最初形态，剧中出现的上市公司，原型是位于上海南京东路的上海时装股份有限公司，在那个时代，一个企业上市如凤毛麟角，整个进程可以轰动全国。

时至今日，上市企业仍然是万里挑一、一席难求！因此，要想成为一家伟大的企业，在追求经济成功的同时，还需要关注社会责任，为社会做出积极的贡献，并使企业取得各方面综合治理的均衡发展，只有在经济和社会双赢的基础上，企业才能真正崛起并持续发展，而成为一家万众瞩目的上市公司，则是其中必不可少的重要里程碑。

初识农鼎慧，眼前豁然一亮！

农鼎慧的愿景是基于一万家智慧菜场为核心，打造出一个覆盖全国的社区商业生态，这个定位，在中国乃至全球的资本市场中，都是独一无二的。

农鼎慧以数字化技术为核心，通过建设助农数字高速路，实现了菜地、田头工厂、净菜工厂、智慧菜场、社区和家庭的生鲜全产业链安全闭环。这种创新的商业模式，不仅解决了人们对食品安全的担忧，还为家庭生活消费市场带来了崭新的发展机遇。

田锐董事长的领导力和对事业不懈的执着追求，使农鼎慧在疫情期间取得了长足的发展。他对企业的家国情怀和对解决社会问题的决心，使农鼎慧成为一家具有责任感和影响力的企业。他的胸怀和格局，也吸引了许多团队成员和合作伙伴加入进来，共同追求企业的发展目标。相信在新的大时代的开始，农鼎慧将继续发挥其优势，不断创新和完善解决方案，为中国百姓的食品安全贡献一份力量。

这是一家具有家国情怀的优秀企业！

初识田锐董事长，他寡言少语，却能让人感受到他的坚韧不拔、沉着睿智。而一旦谈起农鼎慧，他就会忽然变得口若悬河，滔滔不绝，那份对事业的专业探索和执着劲头，那种真刀真枪实干出来的企业家精神，会深深地打动每一位了解农鼎慧的伙伴，会让所有真正了解农鼎慧的人都全情投入，倾力付出。

当然，田锐董事长的胸怀和格局才是凝聚团队最重要的基础，胸怀中国百姓食品安全，不断完善和更新解决方案，带领团队创建了一份伟大而时尚的大业。

相信田锐董事长将引领农鼎慧在后疫情时代的商业大潮中崛起，成为一家伟大的企业，为人们的生活带来积极的影响。

这是一位有格局、有智慧的优秀企业家！

2023年下半年，初识农鼎慧团队，是在企业内部的HIIT训练营。

田锐董事长为了保证原汁原味地传递农鼎慧精神，亲力亲为地讲述和训练团队整整三天；团队每一位成员对农鼎慧的热爱和笃定，加之内部机制保障的超强执行力，极大地加强了我和农鼎慧上市投资合作的信心。

任何一个企业要想成功，就不能缺少执行力。团队执行力越强，企业就越有希望。马云曾经说过：宁愿要三流的战略加一流的执行，也不愿意要一流的战略加三流的执行。一流的执行力是企业生存的关键，是企业核心竞争力的重要体现。如果企业没有执行力，那么，就会失去核心竞争力。

农鼎慧全国各地的团队建设，尚在不断完善和建设之中，但无疑：这是一支战无不胜的卓越团队！

这群优秀的人才本着共同的信念，一条心，一起拼，知行合一，汇聚成了今天的《垂直进化：重构社区商业新闭环》（以下简称《垂直进化》）一书。

《垂直进化》这部专著与众不同，坊间大部分的著书立说，多半是成功后的分享和志得意满，而田锐董事长和团队的这一举措，却是不忘初心的蓝图描绘和落地实施的路径，以在前进路上不断对照是否偏离方向？是否保持着最初的那颗初心？

《垂直进化》是砥砺前行奋斗进程中的一面鲜明的旗帜，以让所有农鼎慧的建设者、参与者、用户，甚至旁观者，都一样清晰过去、现在、未来的具体路径，是企业不断进化中泪水和汗水的结晶。

农鼎慧会不断发展壮大，田锐董事长和所有农鼎慧人会不断创新，成为全新大时代的建设者和引领者！

《垂直进化》是全新大时代里大家不断探索的对标和参照……

相信《垂直进化》会随着农鼎慧的不断进化、同步更新。随着行业和市场的变化，新的信息、技术和趋势不断涌现，这也将促使《垂直进化》保持更新、鲜活度和时效性。作为一个农鼎慧生态中的一个细心打造、同等重要的经营成果和"行业新圣经"，它可以为读者提供最新的见解、策略和实践经验，帮助他们适应和应对变化。

不断更新资源的能力将使《垂直进化》保持与时俱进，并为读者提供一个深度了解并参与数字助农领域的有价值的学习和践行的平台。

中联智慧股份公司创始股东
美国国泰证券中国区合伙人　崔　平

中联数科产业控股（深圳）集团创始人　王茂标

（2024年2月14日春节于深圳）

/ 推荐序二 /

中国的农鼎慧和湖北的田锐

"天上九头鸟,地上湖北佬!"这句话,不敢说地球人都知道,但是,对于大多数中国人而言,应该是耳熟能详的。并且,每每念及,可能人人都会微微的会心一笑。如同佛祖晚年临于涅槃之际,在灵山会上拈花示众时,百万信众中,迦叶尊者心领神会的破颜微笑。

毫无疑问,这句话讲的是,湖北人的聪明绝顶。我的记忆中,在我们中国广袤的国土和千姿百态的各地文化或方言中,描述某一个特定地方的人的聪明,好像除了形容湖北之外,没有第二句类似的口头禅。

这不禁让我想起了如同用"除了四条腿的凳子,什么都吃"这样的一句话,来描述广东人的好吃一样,广为流传,千古流芳。

我一直很好奇,广东人的味蕾究竟该有多么的发达,才能有如此之大的胃口?而一个湖北人的脑筋又该有多么的发达,才能够不辜负上面的这十个字?!

随着我和湖北农鼎慧的创始人田锐先生的持续交流和深入沟通的过程之中,我慢慢地找到了这个问题的答案。

2022年9月下旬,中国各种经济实践在新冠肺炎疫情的起伏波动中，还是在顽强地向前挺进。经纳斯达克国际金融中心总裁许斌老师的引荐，我认识了湖北农鼎慧科技公司的创始人田锐先生。许斌老师引荐的初衷，是希望以我在国内首创的"订阅式出版"的方式，为农鼎慧量身定制创作并出版一本书，作为农鼎慧企业文化体系创建和推广的基础工程，也配合农鼎慧正在全国各地展开的招商工作。

所谓的"订阅式出版"，是我在自己的第一本书《众筹有道》中描述的"订阅式众筹"商业模式在国内营销领域中落地的一种创新方式。我们的口号是"通过写作一本书，重新设计您的产业新版图"！

这本书的写法，则是构成了一个完整的同创和共建的过程，将公司的各种商业合作伙伴，优先变成这本书的联合作者、共建人和未来的读者，同时，通过"订阅式出版"和"词条化写作"两个独特的工作安排，将公司需要对外传递的愿景、理念、产品、商业模式、治理结构和发展规划等核心信息，巧妙地传播出去，同时，将内容共创、合伙人体系搭建、招商推广和培训活动融为一体。

目前，我们手中这本《垂直进化》，就是"订阅式出版"模式在农鼎慧落地的一个具体的成果。

对于《垂直进化》这本书，我想从三个角度，来谈谈我的看法和建议。

一、知行合一的过程

第一次踏进田锐先生的办公室，最吸引我的是墙上的两幅图画，一幅是源于全球最著名的互联网思想家之一的KK（凯文·凯利）最有洞察力的名著《失控》中的"生态九律",由名家毛笔书法写就,其观点和笔锋均力透纸背;另一幅是关于整个农鼎慧数字助农系统的 S2B2C 流程图,里面描述了整个智慧农业生态,从田间到净菜加工厂、城市菜市场到重要终端(社区食堂、社区家庭、连锁餐厅和单位食堂等)整个产业链中的各个环节,及其角色分工和作用,逻辑清楚,体系完备。

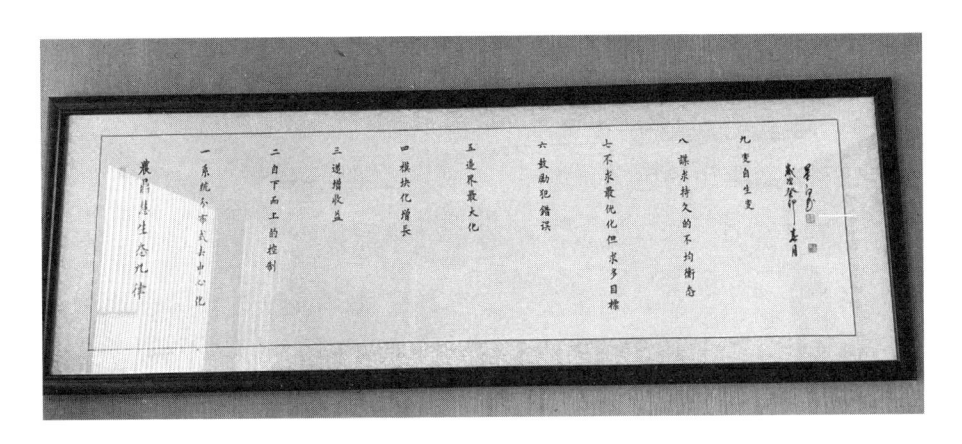

《失控》中的"生态九律"

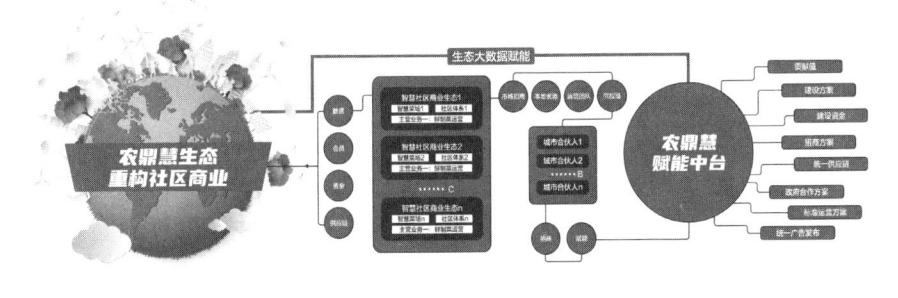

农鼎慧 S2B2C 商业模式框图

在目前科创产融日益一体化,尤其是生成式人工智能 ChatGPT,在 2022 年底革命性的横空出世,创新速度和商业效率均大幅度提升。目标导向、规划先行,已经成为新型科创企业的立身之本,认知的先导,配合后续落地行动的契合和衔接。知行合一,既是手段,也是目标;既是过程,也是结果。

农鼎慧这一年多以来的落地践行的进程和成果,还是很理想地契合了田锐先生最早的产业洞察、目标设定和发展路径,知行合一。

二、充满希望的生态化体系

农鼎慧的业务核心是建立一个以"数字助农"为核心的生态系统。但是,何谓生态?如何建设生态?建设生态的终极目标又是什么?这些直指人心的灵魂拷问,却又是一些充满了歧义和争议的话题,也是非常容易将企业引入歧途的所谓"战略"。

如同"平台"一词一样,"生态"也是一个被过度滥用的专业术语。因为被滥用,所以,主轴和边界都很容易不清晰,不明了!另外,生态究竟应该是一个集权式的结构,还是一个去中心化的分布式系统?生态是应该一家独大来构建呢,还是鼓励生态中的各个主体共建众创,百花齐放呢?

尽管在"数字助农"这个领域,农鼎慧涉及了田间、净菜加工、菜市场和终端体系等所有环节,貌似很重、也很长,但是,农鼎慧仅仅以"数字化"的一个业务主轴,和软硬件的 SAAS 系统产品贯穿期间,并未涉及任何重资产的投资,但却又始终牢牢把握住了整个生态体系的核心主轴和发展走向。

再从目前正在全国各地快速展开的以城市合伙人为主体的运营

体系来看，各地的城市合伙人，可以参照农鼎慧规划的"数字助农"的产业链和生态体系，同时，又可以结合各自在整个产业链中，尤其是各个终端系统的资源和能力积累，各自独立发展，百花齐放，走出各自独立发展的规模和成果，并独立上市，还可以享有在未来上市公司中的大股东地位，这是非常具有吸引力的！也是"生态九律"中九条铁律的真正体现。

更何况，农鼎慧最后的经营成果和业绩，其实，最终还是全部体现在全国各地的数字助农产业链中每天投入使用的一个一个的菜盒，这也是我最早见到的 S2B2C 的系统流程图中，洞察到的终极目标。

三、规模化的落地运营

农鼎慧从 2022 年 8 月开始全国推广，年销售额已经过亿元，这个速度堪称是一个成长奇迹，颇具规模化招商的成功意味。

从 2023 年 8 月开始，农鼎慧开始了在全国各地的落地运营的进程，走出了在深圳、沈阳和南京等地，分别以卡车司机、外卖和连锁餐厅为合作标的的终端体系。同时，也会在合肥和上海等地，探索社区助老餐点、社区食堂、团餐和外卖的新路。

规模化的落地运营，最核心的问题是需要策略导向，而非资源导向和机会导向。任何一个合作标的终端体系落地方向的选择，必须同时满足"刚需、规模和执行效率"这三大要素。惟其如此，农鼎慧生态体系，在真正按生物学的规律野蛮生长的过程中，才可以享有白驹过隙的敏捷动感。

2022 年 9 月，我开始结缘田锐先生和农鼎慧，并逐步进入到农鼎慧的各个相关的业务范畴，深耕招商、投融资、订阅式出版、农鼎慧 GPT 和智慧团餐等系统的落地实践，知行合一。也许是农鼎慧项目的基因中，所固有的科技创新、人工智能、食品安全、金融和文化等属性，确保其发展态势，从 2022 年下半年开始，一路逆势上扬！

2024 年已至，期待农鼎慧生态中的各路英杰和伙伴，大家在各自擅长的地盘和专业领域中，纵横驰骋、各自努力、共同成就！

是为序！

茶溱智能科技（上海）有限公司创始人　高　鹏
《双创有道》作者

（2024 年 1 月 14 日于上海）

自 序

2022年，我们展望了未来，提出了农鼎慧组织架构，分析了可行性、以及我们具备的能力。但是我想，相信和理解的人还不是太多，更谈不上全面投入、全面配合的合作意向了。

为此，我将本书内容分成了不同模块，每周三晚上讲述一个小时，作为公司内部的一个培训，同时也是农鼎慧的事业的宣讲书。

现在根据我九周的讲述内容整理的《垂直进化》终于成书，反过来再回顾农鼎慧的体系建设，是否与之前构想相符？

非常感激围绕农鼎慧体系建设的合伙人、合作伙伴、员工和城市合伙人，大家在这一年里既帮助农鼎慧完成了一个初步可呈现的生态系统雏形，也集众力完成了《垂直进化》这本书。

现阶段，农鼎慧处于全国布局快速落点的阶段。这本书成书恰逢其时，它的诞生便于让大家理解农鼎慧这个新事物，能直接指导城市合伙人的农鼎慧生态体系建设，让农鼎慧人一直保持对社区商业生态建设的热情。

为了达成农鼎慧"守护十五亿人餐桌安全"[①] 的愿景，农鼎慧人努力践行着！

田 锐

农鼎慧创始人董事长

---

① 书中"十五亿人"并非专指中国人口，还包括东南亚等国人口。

/ 目 录 /

第1章 平台革命：为什么要打造社区商业新秩序 / 1

第2章 正向逻辑：农鼎慧社区商业生态规划优势 / 9
  2.1 商业生态遵循自然规则 / 11
  2.2 分布式系统 / 12
  2.3 自下而上的控制理念 / 13
  2.4 收益递增效应 / 14
  2.5 模块化生长 / 16
  2.6 边界最大化 / 18
  2.7 鼓励犯错 / 18
  2.8 不求最优，但求多目标 / 20
  2.9 谋求持久均衡态 / 22
  2.10 "变自生变" / 23

第3章 超级符号：什么是农鼎慧的安全闭环 / 27
  3.1 商业模式安全 / 29
  3.2 "安全+闭环"彰显生态价值 / 31
  3.3 安全高效的商品供应 / 32

第4章 升维智造：S2B2C全链系统的创新与突破 / 35
  4.1 S2B2C商业模式符合政策要求 / 37

4.2 S2B2C 商业模式对农鼎慧的意义 / 38

第 5 章　跨界共赢：区块链通证的存在意义 / 41
　5.1　自驱动社区商业经济体系 / 43
　5.2　发展和政策鼓励 / 44
　5.3　多平台并存运营 / 45
　5.4　区块链技术权益保障 / 47
　5.5　轻资产运营持续成长 / 48

第 6 章　地基法则：稳步建设基础标准 / 49
　6.1　智慧菜场建设标准化 / 51
　6.2　运营方案标准化建设 / 53
　6.3　核心体验官标准化 / 54

第 7 章　裂变增长：农鼎慧主营业务案例 / 57
　7.1　农鼎慧成功改造升级智慧菜场 / 61
　　7.1.1　以智慧菜场为核心，筑起食品安全防线 / 61
　　7.1.2　农鼎慧助力传统农贸市场改造革新 / 64
　　7.1.3　农鼎慧体验中心在钢花综合市场成功运营 / 68
　7.2　农鼎慧安全闭环在多个城市成功落地 / 70
　　7.2.1　江苏鲜鼎慧第一轮中餐机器人品鉴会 / 70
　　7.2.2　江苏鲜鼎慧第二轮中餐机器人品鉴会 / 72
　　7.2.3　江苏鲜鼎慧旗下首家机器人餐厅开业 / 75
　　7.2.4　江苏鲜鼎慧携手残疾人启动自理能力训练项目 / 76
　　7.2.5　沈阳城市合伙人支持中心落地发布会隆重举办 / 78

7.3 农鼎慧中餐机器人实现多元发展 / 81
    7.3.1 中餐机器人烹出家乡味 / 81
    7.3.2 中餐机器人助力食堂降本增效 / 83
    7.3.3 中餐机器人助力连锁餐厅规模化复制 / 85

7.4 农鼎慧开启生鲜预制菜3.0时代 / 89

第8章 发展跃迁：领先一步的敏捷上市 / 93
8.1 智慧农贸的双重属性与上市动力 / 95
8.2 社区商业生态三大基石 / 96
8.3 农鼎慧凭什么上市？ / 98
8.4 上市后与投资人关系 / 100

第9章 长期主义：社区业务展开原则 / 103
9.1 农鼎慧长期发展理念——安全 / 105
9.2 三重信任关系塑造 / 107

第10章 步步为盈：社区商业平台本地化建设开展顺序 / 109
10.1 强强联合：菜盒代工厂合作 / 114
10.2 凝聚团队向心力 / 115
10.3 深化沟通，促进了解 / 117
10.4 实地考察，加强合作 / 119
10.5 城市合伙人招募：携手同行，共享红利 / 121
10.6 城市合伙人本地化落地 / 127
10.7 招商运营体系培训赋能 / 129
10.8 自建菜盒工厂，完善体系 / 131
10.9 数字助农引关注 / 133
10.10 新型健康餐饮广受好评 / 135

10.11　进驻政府示范性项目 / 136

10.12　政府重点关注民生产业 / 138

第 11 章　贡献值言：参与者感言 / 141

11.1　团队成员 / 143

11.2　合伙人 / 200

后记 / 226

第1章

平台革命：
为什么要打造社区
商业新秩序

追溯农鼎慧建设社区商业生态的缘起

农鼎慧正在打造的社区商业生态是一个比较庞大的体系，基于十多年智慧社区运营和三年多智慧农贸运营的经验，最终提炼为"占菜场、铺机器、卖菜盒"，虽然只是简简单单九个字，但其背后却有着浓厚背景和庞大体系支撑，希望大家能系统了解运营逻辑，同时，将我们的创业历程分享给大家，让大家对社区商业生态有更全面的认识。

很多人好奇农鼎慧为什么要做社区生意，以及为什么一直在强调菜场的重要作用？它们对于构建农鼎慧社区商业生态有何重要意义？我们从社区经济发展、农鼎慧布局社区经济考量，以及如何做好社区经济三个方面进行分析。

社区经济发展与机会

我们现在研究的是为什么要做社区生意，以及进入社区为什么要重视菜场的核心价值？

首先，我给大家介绍一下社区经济形态。社区是近几年比较火热的话题，但其实，农鼎慧所说的社区与其他定义的社区有所不同，农鼎慧所说的社区定义是最原始的社区生活，是指居民日常生活起居的场所,以及满足居民线下日常生活消费的场所。

近十年,线下社区受到网络的强烈冲击,很多线下生意都受到了很大的冲击。

但同时,随着网络快速发展,泡沫出现。鉴于社区生活消费体量太大,互联网平台不可能仅靠持续烧钱补贴抢占和维护市场,这将导致网络购物性价比优势渐渐消失,甚至比线下购物价格更加昂贵,这是因为网络经济无法实现长久持续的低价质优,尤其是像我们每天都需要购买的柴米油盐等生活消耗品,这种需要高频复购的生活日常品,不仅仅只是价格便宜那么简单,民众更要考虑体验与安全,这是永远无法被线上平台所取代的,这也为线下社区生态发展提供了新机。

生鲜行业在未来有较大的发展空间和潜力

我们为什么选择生鲜行业?

我们先介绍一下生鲜行业这几年变化趋势。近几年,传统生鲜行业垄断势力的影响力持续降低，同时，社区内部快捷性需求在持续增长，而这也将成为未来长期发展的必然趋势，尤其是在后疫情时代，生鲜供应链呈现出以下几个特点：

1. 分布式供应系统

由单一供应转变为分布式网状供应，成为重大民生工作建设，作为居民日常生活和社会稳定的重要基建设施，菜场的重要价值再次受到全社会关注。

2. 政府保供建设

生鲜行业是政府保供的重要工作，目前不允许外部资本进入，以防其影响民众正常生活秩序。

3. 食安意识提升

由于近几年疫情导致的全球环境变化，人们对社区上门服务的需求提升，同时食品安全意识也同步提升。所以说，食品安全在任何时候都是居民关注的重点，这也为生鲜行业提供了强大的发展机遇。

鉴于此，农鼎慧以生鲜行业为切入口，开展社区商业生态，并以菜场为核心向社区生活服务进行渗透，目前社区商业生态也面临着建立社区商业生态的新秩序的问题，社区商业存在如下特点：

1. 具有典型分布式特点

分布式是社区商业的第一个典型特点。

2. 满足零散的个性化的需求

线下社区商品丰富程度远远大于网络，并且满足生鲜消费零散、个性化的需求。同时，菜场是按照国家建设标准和居民居住规划统一建设，以实现居民步行十分钟到十五分钟，就有一个菜场。

3. 购买配送便捷及时性

社区经济只有保障购买的便捷性以及配送的及时性，并以菜场为圆点，进而覆盖全社区，才能保障居民能够长期消费。

4. 具有明显的政治经济学特色

社区经济新秩序一定是具有社区政治经济学特点的，它实际上是有保供和维稳的属性，是绝对无法脱离政治而独立存在的。这也就决定了社区市场与传统其他市场的不同，单单依靠资金是无法完成社区建设的。

所以，在做好社区经济时既要考虑到政府统一规划问题，还得考虑到民生便捷、零散购买需求的问题，这不仅仅只是一个纯市场行为或者说纯政府行为，而是需要根据实际情况将两者进行有效结合。

社区经济与居民生活息息相关

大家一定要认识到社区经济具有的保供维稳的政治属性，和长期受到政府监管的特性。由此可见，做好社区经济并不是简单的市场行为，更要综合考虑其政治属性和复杂性。

第一，由于不可规避的政府监管性，我们需要积极加强与政府的沟通、联动、对接，从而获得政府支持，实现社区经济安全落地，从而形成了一个新的秩序——既有政府参与，又有市场行为的新社区商业生态秩序。

另外，需要特别说明的是，社区经济与居民生活息息相关，因此，你要建立自己品牌公信力，让居民相信你，愿意在你这里消费。而公信力的建立，一部分源自于政府的大力支持。

第二，平台要与社区建立深层联系。

第三，建立独立公信力，这样你才有可能构建一个健康的社区商业生态，这也是我们最核心的顶层设计逻辑。

为什么将菜场作为社区经济的切入口？

菜场具有几个非常重要的特点：

第一，政府规划属性。

现在的菜市场体系中，占主导的是国有菜场，因为它们是由政府规划的，由政府监管，具有天然的公信力，这也是我们为什么选择以菜场为体系核心的原因。

第二，刚性流量入口。

餐饮消费是每个人日常之刚需，这就必然导致我们与菜场发生关联，菜场也自然成为社区居民重要流量的联接口。

第三，政府监管属性。

菜场作为重要的民生设施场景，政府对其有天然监管属性。

因此，农鼎慧确定发展社区经济，以菜场作为我们体系的桥头堡和重要抓手，并以食品安全控制的信息化系统建设切入智慧菜场，这也是农鼎慧要"占菜场"的重要原因。

当农鼎慧占据了菜场后，就能够以社区商业生态解决食品安全，建立新的商业秩序，并构建农鼎慧品牌公信力，"得公信力者得天下"，继而带来源源不断的财富。

第 2 章

**正向逻辑：
农鼎慧社区商业
生态规划优势**

众所周知，农鼎慧矢志不渝，要做一个连接到民生系统，同时自身具有相应的公信力，还要能够与政府的接口进行对接的商业生态。

2.1 商业生态遵循自然规则

农鼎慧做智慧农贸平台前，是否有类似参考物？有哪些类似平台？在介绍这两个问题之前，先与大家分享两个概念。

第一个概念是平台，平台概念已经在市场的各个角落泛滥，在一些人的观念中，平台甚至带有一些"贬义"的属性，但我一直以来对农鼎慧做平台这件事引以为傲。但是，各个平台之间，有什么区别呢？

在我看来，大部分平台与生态平台有个本质区别，平台就是要对参与平台的各方负责，而生态平台却是对参与这个平台的人不负责。

农鼎慧所做的生态平台和普通的平台是两个概念。早在2016年，一位投资人表示，如果是普通平台，他可以投资1 000万元到3 000万元；如果是生态平台，投资额可以达到1亿元到3亿元。

农鼎慧想做的这个平台是非常庞大的，庞大到目前没有出现有效的参考物。既然没有可以对标的参考物，那么，如何把平台做大做强呢？如何让平台能够持续发展呢？

  为什么要做农鼎慧？为什么要与菜场发生关系？我们拿下菜场后，如何发展成覆盖全国的生态平台？经历四年多的思考与探索，我得出一个结论，既然此事没有前车之鉴可以参考，那就只有遵循符合天道、野蛮生长的自然规律。

  在一次偶然阅读中，我从KK所著的《失控》这本享誉世界的名著中的"生态九律"中，给农鼎慧商业模式的建立找到了些许灵感。

2.2 分布式系统

  分布式系统是"生态九律"中的核心概念之一，它是一种将多个独立但相互关联的个体或节点组合在一起，以实现共同目标和优化的系统。在中国的辽阔大地上，分布着不同的地区，每个地区都有其独特的文化和资源，因此无法实现完全统一化的发展。这就需要结合当地特色和资源，因地制宜地进行生态分布式的发展，建立分布式的架构，最终实现覆盖全国的生态体系。

  在农鼎慧的社区商业生态中，分布式架构体现在以下几个方面：

  合伙人架构是一个分布式的架构。农鼎慧将不同地区的城市合伙人整合在一起，形成一个相互关联的生态系统。每个城市合伙人都有自己的运营账户和权限，可以根据当地市场需求和资源情况独立运营。这种分布式的架构使得农鼎慧能够快速响应不同地区的市场需求，实现灵活性和适应性。

  区块链底层分布式架构也是农鼎慧分布式架构的一个重要组成部分。区块链技术具有去中心化的特点，可以保证数据的安全性和可信度。在农鼎慧的区块链底层分布式架构中，每个城市合伙人都拥有自己的账户和权限，可以根据自己的需求进行数据管理和交易。这种架构使得农鼎慧能够实现高度安全和可靠的数据管理，同时保证不同地区城市合伙人的数据隐私和权益。

本地资源本地掌握也是农鼎慧分布式架构的一个重要体现。农鼎慧的每个城市合伙人都有自己的运营资源和对当地市场的洞察力，能够提供当地的运营资源，同时与农鼎慧整体解决方案进行整合。这种分布式的资源整合方式使得农鼎慧能够更好地适应当地的市场需求和政策环境，实现在全国范围内的有效落地。

农鼎慧的分布式系统是其社区商业生态的核心支撑。通过分布式的架构和资源整合方式，农鼎慧能够实现灵活、适应性强的发展，满足全国各地不同的市场需求。同时，分布式的特点和优势也使得农鼎慧能够与当地资源和环境有效结合，因地制宜地实现农鼎慧生鲜全产业链安全闭环在全国各地的有效落地。这种分布式的系统为农鼎慧的社区商业生态提供了重要的保障和支持，使其能够成为覆盖全国的生态体系。

2.3　自下而上的控制理念

在华为流传着这样一句话，"让一线听得到炮火的人，来指挥战斗！"这是因为只有一线的员工才能理解最原始、最精确的需求。

在我们农鼎慧也是同样的情况，农鼎慧分布式结构里有许许多多城市合伙人，那么，不同城市合伙人和合伙人的各种大大小小的需求，都会决定影响农鼎慧总体架构的设计和方案调整。

简而言之，城市合伙人和合伙人只要提出的方案符合分布式、本地化的需求，就会影响农鼎慧架构进行调整，这样，就能够保障农鼎慧社区商业生态在任何城市有效落地。

农鼎慧的商业模式从最基层的市场——智慧菜场开始，通过控制这些菜场，实现对社区居民的直接服务。在这种模式下，农鼎慧的角色不仅是食品供应商，还是生活服务商。这种下沉到社区的市场策略体现了自下而上的控制理念，通过在基层市场的深度渗透，确保了对消费者需求的及时响应和有效满足。

农鼎慧的商业模式通过平台化运作，连接了供应链、菜场和消费者。这种平台化运作模式，使得农鼎慧能够高效地整合资源，实现供应链的透明化和实时化，从而实现对市场的有效控制。同时，通过智慧菜场的数字化平台，农鼎慧能够实时收集和分析消费者数据，进一步提升其对消费者需求的响应速度和准确性。

在保持对基层市场控制的同时，农鼎慧还需要持续关注新兴技术和消费者需求的变化，不断进行产品和服务创新，提升供应链的效率和精准度；通过提供个性化的生活服务，提升消费者的满意度和忠诚度。

农鼎慧的商业模式不仅关注自身的盈利，还重视与合作伙伴和消费者的价值共享。通过与1万家智慧菜场的合作，农鼎慧能够实现资源的共享和优化配置，提高整个商业生态系统的效率和稳定性。同时，通过提供安全、优质的农产品和生活服务，农鼎慧能够提升消费者的生活质量，实现与消费者的价值共享。

2.4　收益递增效应

举例来说，我们购买了一台炒菜机器人成本2万元，一台炒菜机器人一年能够帮我们消耗11 000多个菜盒，按10元的均价计算，它就能够产生11万元的流水。可以看到2万元的成本产生了五六倍的流水收益，这就叫收益倍增。我们再来举一个城市合伙人的例子。

城市合伙人通过农鼎慧的考核，获得了城市合伙人的资格，同时，农鼎慧给予城市合伙人 60 台机器在菜市场周边运营，城市合伙人可获得 600 多万元的销售额。

可以看到，仅仅铺设一台机器，就只有 300 元收益，但铺设机器以后带来的菜盒销量收益远远不止 300 元，而是一个长久的收益倍增。所以，在生态平台如果能够实现二次收益、甚至还有三次收益等情况时，这就是收益倍增，而在我们智慧菜场中，也有类似情况。

在农鼎慧所有智慧菜场里面，会免费赠送商户电子秤，农鼎慧会收取一半押金，同时也获得银行一半补贴，这样，现金流就很快回笼了，并且每天都会获得银行补贴。

另外，每个电子秤上面都会产生广告收益，这样综合下来，可以在短期内快速实现成本收回，进行零成本发展，而依托接近于零的成本，却能获得长远源源不断的收益，这就是收益倍增效应。

随着农鼎慧智慧菜场数量的增加，其服务覆盖的区域越来越广，能够满足消费者的需求也越来越多。这使得农鼎慧的销售额和市场份额得以快速提升，从而带来更低的单位成本和更高的盈利能力。

通过平台化运作和数字化管理，农鼎慧可以大幅降低运营成本。随着农鼎慧对消费者需求的深度理解和快速响应，以及通过数据分析和用户行为研究不断优化服务，消费者的忠诚度和满意度得以大幅度提升。这不仅有助于稳定现有的市场份额，还能通过口碑传播吸引更多的新用户。

农鼎慧通过持续创新，不断推出满足消费者需求的新产品和新服务，从而保持其在市场上的竞争优势。这些创新不仅能够吸引更多的消费者，还能进一步提升企业的盈利能力。通过与合作伙伴和消费者的价值共享，实现多方共赢。这种价值共享不仅有助于稳定企业的经营环境，还能通过合作伙伴的资源和能力拓展企业的业务范围和市场影响力。

2.5　模块化生长

举例来说，农鼎慧签约下多个菜场，但没有必要同时进行智慧菜场改造升级，因为每个菜场都是独立的，彼此间没有隶属关系，多个菜场什么时间段进入农鼎慧社区商业生态体系只是时间问题。

那么，在多个菜场中只要有一个菜市场盈利，那其他的模块都应该是盈利的。因为，它们都是相同的模块，都具有市场合伙人、社区居民、银行补贴等多重的收益来源属性。

所以，不同城市合伙人只负责自己独立的菜场，这就是模块式生长。同时，这样也能保障生态中的不同参与方充分发挥自身优势，推动整个模块加速发展。

通过这种方式，农鼎慧能够将复杂的商业生态体系分解为多个简单的模块，从而降低运营难度和风险，提高效率和创新性。

在农鼎慧的模块化生长模式中，智慧菜场是核心模块之一。每个智慧菜场都是独立的实体，彼此之间没有隶属关系，但是它们都共享了农鼎慧的社区商业生态体系和数字化平台。这意味着，只要有一个菜场成功盈利，其经验和策略就可以被复制到其他菜场，从而实现整个生态体系的快速扩展。

由于每个菜场都是独立的实体，因此可以避免因某个菜场的失败而导致整个生态体系的崩溃。同时，由于每个菜场都有其自身的收益来源，因此可以保证生态体系的稳定性。

通过复制成功的经验和策略，可以大幅提高新菜场的开设速度和运营效率。这不仅可以降低成本，还可以提高整个生态体系的运营效率。

由于每个菜场都是独立的实体，因此可以鼓励各地合伙人发挥自身的创新能力和地方特色，为生态体系注入新的活力和创意。这种方式能够激发地方创新和企业家精神，从而为整个生态体系带来更多的商业机会和竞争优势。

增强可持续性。通过模块化生长模式，农鼎慧可以将资源和能力集中在核心模块上，从而更好地实现规模经济和资源共享。这有助于提高整个生态体系的可持续性，并为未来的发展奠定坚实的基础。

除了智慧菜场模块外，农鼎慧的模块化生长模式还包括其他相关模块，如供应链模块、数字化平台模块和合作伙伴模块等。这些模块与智慧菜场模块相互协作，共同构建了农鼎慧的社区商业生态体系。

通过智能化的供应链管理系统，农鼎慧可以实现全国范围内供应链资源的整合和优化，提高采购效率、降低物流成本并确保商品质量。数字化平台模块是负责数据分析和用户交互的模块。通过数字化平台和智能化设备的应用，农鼎慧可以实时收集和分析消费者数据，了解消费者需求和行为偏好，从而提供更加精准的产品和服务。合作伙伴模块是负责与各类合作伙伴进行合作和资源共享的模块。通过与供应商、物流服务商和技术开发商等合作伙伴的合作，农鼎慧可以实现更广泛的资源和能力共享，提高整个生态体系的效率和竞争力。

不同城市合伙人只负责自己独立的菜场，这就是模块式生长。这种模式下，不同参与方可以充分发挥自身优势，推动整个模块加速发展。同时，这种模块化生长也能保障生态中的不同参与方都能获得相应的收益，从而形成更加稳定、可持续的商业生态系统。

农鼎慧的模块化生长模式是一种高效、灵活、可扩展的商业模式。通过将商业生态分解为独立的模块并鼓励各地合伙人发挥自身的创新能力和地方特色，农鼎慧可以实现稳定、可持续的发展，为守护14亿人餐桌安全作出更大的贡献，实现商业价值和社会责任的双重目标。

2.6 边界最大化

在很多人印象里，农鼎慧商品广泛，但对农鼎慧来说，交易商品不重要，农鼎慧做的是生态平台，而非普通平台，它对商品销售品类没有严格限制，是无边界的。

尽管农鼎慧将鲜制菜作为农鼎慧智慧农贸平台主营业务之一，但这不是我们生鲜全产业链安全闭环的唯一业务，所以说农鼎慧生态平台是无边界的。

农鼎慧也在技术创新方面进行积极探索和尝试，将最新的科技和信息技术应用于商业模式创新和产品服务升级。比如，农鼎慧的数字化平台和智能化设备的应用，实现了对消费者需求和偏好的实时掌握和精准营销。这种跨界创新的方式使得农鼎慧在竞争中保持领先地位，并不断创造出新的商业机会和增长点。

农鼎慧还积极拓展地域市场，在全国范围内打造智慧菜场网络。这种跨地域的拓展不仅提高了农鼎慧的市场覆盖率和品牌影响力，也为其带来了更多的商业机会和合作伙伴。同时，地域拓展跨界还能够帮助农鼎慧更好地了解不同地区的市场需求和文化差异，为未来的发展奠定坚实的基础。

2.7 鼓励犯错

鼓励犯错误实际上就是鼓励大家多尝试，因为在生态发展过程中会遇到很多新的问题，农鼎慧鼓励员工和合作伙伴勇于尝试，从而进行优化，包括不同地区存在地区差异和客户需求不同，也无法用统一标准去检验，这就要求我们在可承受范围中，勇于尝试并进行推广。

鼓励犯错误是一种积极的态度，它是在鼓励人们勇于尝试新的事物，探索新的可能，从而在实践中学习和成长。在农鼎慧的社区商业生态发展中，鼓励犯错误也是一种重要的理念和策略。

鼓励犯错误可以促进创新。在农鼎慧的生态系统中，会遇到许多新的问题和挑战，需要不断地尝试新的解决方案和策略。如果过于追求完美和成功，可能会阻碍创新的步伐，而鼓励犯错误则可以让员工和合作伙伴更加自由地尝试新的事物，探索新的路径，从而推动整个生态系统的创新和发展。

鼓励犯错误可以提高学习能力和适应能力。犯错误是一种宝贵的学习机会，可以帮助人们更好地认识自己和认识世界。在农鼎慧的生态系统中，员工和合作伙伴需要不断地学习和适应新的环境和变化。通过犯错误，可以发现自己的不足和错误，从而更加深入地了解市场和客户需求，提高自身的适应能力和竞争力。

鼓励犯错误可以增强团队的凝聚力和合作精神。在农鼎慧的生态系统中，员工和合作伙伴需要相互协作和支持，共同实现愿景和目标。通过鼓励犯错误，可以让团队成员更加信任和理解彼此，从而增强团队的凝聚力和合作精神，提高整个生态系统的协同效率和创新能力。

当然，鼓励犯错误并不是盲目地犯错，而是在可承受的范围中勇于尝试并进行优化。在实践中，农鼎慧也注重总结经验教训，不断进行反思和改进，从而在错误中寻找正确的方向和方法。同时，农鼎慧也注重员工的培训和发展，提供更多的学习机会和支持，帮助员工提高专业素养和能力水平，从而更好地应对新的挑战和机遇。

2.8 不求最优，但求多目标

举例来说，对于某些餐馆来说，每天需要销售90个菜盒可能有些困难，但如果目标设定成30个菜盒，基本上所有的餐馆都能实现，这样使用农鼎慧菜盒的场所也会增加。

一旦客户群体建立以后，农鼎慧所提供服务不仅仅只是菜盒销售，还可以发展酒水等其他C端客户群体以及菜场信息化数据服务，这也就是我们不追求最优目标而选择多目标的原因，农鼎慧现在不卖机器而是通过菜盒销售获取利润，也是同样的道理，因为多目标也是生态平台最重要的特点，这也是我们规划当中的一个非常重要的优势，我们实际上是用大自然的法则和规则来设计农鼎慧的平台，这就是农鼎慧能够快速发展的原因。

在农鼎慧的生态系统中，不求最优并不意味着放弃追求成功和高效，而是要在多个目标之间寻找平衡和综合效益。通过鼓励尝试和创新，可以发现更多潜在的机会和可能性，从而拓展商业生态系统的边界和创新能力。同时，多目标的平衡和综合发展也可以降低单一目标和资源的依赖风险，提高生态系统的稳定性和抗风险能力。

"不求最优，但求多目标"可以提高适应能力和竞争力。在快速变化的市场环境中，单一的最优解往往具有短暂的优势，而多目标的平衡和综合发展可以提高生态系统的适应能力和竞争力。农鼎慧通过提供多种服务和产品，满足不同客户的需求和市场变化，从而扩大市场份额和提高品牌影响力。同时，多目标的平衡也可以帮助生态系统更好地应对竞争对手的挑战和市场的波动，保持持续的优势和领先地位。

"不求最优，但求多目标"可以增强团队的凝聚力和合作精神。

在农鼎慧的生态系统中，员工和合作伙伴需要相互协作和支持，共同实现愿景和目标。通过"不求最优，但求多目标"的实践，可以让团队成员更加注重整体效益和协同发展，从而增强团队的凝聚力和合作精神。同时，多目标的平衡也可以促进员工和合作伙伴之间的交流和互动，提高整个生态系统的协同效率和创新能力。

当然，"不求最优，但求多目标"也需要一定的策略和方法来支持。

农鼎慧在制定战略和计划时，注重灵活性和适应性，不断根据市场变化和客户需求进行调整和优化。通过制定多个目标和计划，可以更好地应对市场的变化和不确定性，从而提高战略的针对性和有效性。

农鼎慧注重搭建开放的平台和生态系统，吸引更多的合作伙伴和资源加入其中。通过与不同领域的企业和机构合作，可以共同实现多个目标，推动整个生态系统的繁荣和发展。

农鼎慧鼓励员工和合作伙伴不断尝试和创新，发现新的机会和可能性。通过勇于尝试新的解决方案和策略，可以拓展商业生态系统的边界和创新能力，提高整个生态系统的竞争力和市场占有率。

农鼎慧注重数据分析和市场调研，了解客户需求和市场变化。通过收集和分析大量的数据和市场信息，可以更好地制定战略和计划，调整优化产品和服务，提高市场适应能力和竞争力。

"不求最优，但求多目标"是农鼎慧社区商业生态系统发展的重要理念之一。通过制定灵活的战略和计划、搭建开放的平台和生态系统、不断尝试和创新、注重数据分析和市场调研等方面的实践，农鼎慧实现了快速成长和发展。这种战略思维和方法论也为其他企业提供了重要的借鉴和启示，帮助它们在竞争激烈的市场环境中获得持续的优势和领先地位。

2.9 谋求持久均衡态

每个城市都有自己的能力边界，但由于农鼎慧平台始终是不均衡的，即使说当某个城市合伙人做得非常好的时候，也无法保证不出现任何问题。无论城市合伙人在哪个环节出现问题，都不会对农鼎慧整体架构产生太大的影响，因为农鼎慧采用的是S2B2C分布式生态架构，可以保障各个城市合伙人的生态安全性和稳定性。

在城市合伙人开展本地生态布局时，农鼎慧会提供相应的软硬件支持和解决方案，但不会过多干预城市合伙人本地化经营。对于农鼎慧来说，我们免费提供机器和建设方案，追求的是一个非确定性收益，也是一种不均衡的态势，而这也是很重要的自然规律。

农鼎慧明白每个城市都有自己的能力边界，因此不会强制要求城市合伙人追求完美。相反，农鼎慧注重的是多个目标的平衡和综合发展，通过搭建一个开放的生态系统，鼓励城市合伙人在本地化经营中不断创新和尝试。这种灵活性使得城市合伙人可以根据自身情况和市场需求进行定制化经营，同时也为整个生态系统的稳定性和安全性提供了保障。

农鼎慧采用的S2B2C分布式生态架构是谋求持久均衡态的关键。这种架构可以将农鼎慧与城市合伙人之间的关系转化为一种协同合作的关系，通过共享资源、信息和技术，实现互利共赢。同时，这种架构还可以降低对单一资源和合作伙伴的依赖风险，提高整个生态系统的抗风险能力。

在城市合伙人开展本地生态布局时，农鼎慧的合作模式既保证了农鼎慧对全局的掌控力，也给予了城市合伙人足够的自主权和发挥空间。同时，农鼎慧追求的是一种非确定性收益，这种收益具有不均衡的态势，但却是非常重要的自然规律。通过不断尝试和创新，农鼎慧可以拓展商业生态系统的边界和创新能力，从而在竞争激烈的市场环境中获得持续的优势和领先地位。

持久均衡态的实现还需要城市合伙人之间的相互信任和合作。农鼎慧鼓励城市合伙人之间进行交流和互动，共同分享经验和知识，从而促进整个生态系统的协同效率和创新能力。同时，农鼎慧也会定期组织培训、研讨会等活动，提高城市合伙人的专业素养和能力水平，从而更好地应对市场的变化和挑战。

农鼎慧所追求的是一种持久均衡态的商业生态系统。通过搭建基于S2B2C分布式生态架构的平台、提供软硬件支持和解决方案、鼓励城市合伙人之间的交流和互动等方式，实现与城市合伙人之间的合作共赢和整个生态系统的稳定与平衡。这种理念不仅可以提高企业的竞争力和市场占有率，也为其他企业提供了重要的借鉴和启示，帮助它们在竞争激烈的市场环境中获得持续的优势和领先地位。

2.10 "变自生变"

所有的变化都是在变化当中产生的，而"变自生变"就是不但要了解规则，还要打破规则。

只有生态平台才能够满足这种极致的变化环境，农鼎慧就是遵照这个规律来设立的。

所以，这就是我们从生态系统的角度做的顶层设计，并且以后大家可能在农鼎慧看到的所有匪夷所思的行为，比如说，为什么不收城市合伙人的钱？为什么农鼎慧事业会有如此高回报？为什么要上市？等等，都可以用"生态九率"这九条内容进行诠释和解答，凡是违背这九条的，都无法做成我们这个业务体系。综上所述，可以看出农鼎慧生态平台不同于其他平台的独特优势所在。

在当今这个快速变化的市场环境中，只有不断适应变化、勇于创新，才能在激烈的市场竞争中立于不败之地。因此，农鼎慧鼓励员工和合作伙伴勇于尝试新的解决方案和策略，不断进行优化和创新。这种勇于改变的态度和决心，是农鼎慧能够不断适应市场变化、保持竞争优势的重要原因之一。

农鼎慧的"变自生变"不仅是对自身不断进行改变和调整，更是要激发整个生态系统的活力和创造力。在农鼎慧的生态系统中，每个城市合伙人都被赋予了极大的自主权和发挥空间，可以因地制宜、灵活经营。农鼎慧也鼓励城市合伙人之间进行交流和互动，共同分享经验和知识，从而促进整个生态系统的协同效率和创新能力。这种生态系统的活力，使得农鼎慧能够更好地适应市场的变化和需求，不断进行自我更新和优化。

"变自生变"的理念也体现在农鼎慧的商业模式和经营策略中。农鼎慧采用 S2B2C 分布式生态架构，将自身定位为一个开放的生态系统平台，为城市合伙人提供全方位的支持和服务。这种平台化的经营模式，使得农鼎慧能够更好地适应市场的变化和需求，同时也为城市合伙人提供了更多的机会和可能性。农鼎慧还注重与合作伙伴共同打造产业生态链，通过合作共赢的方式实现商业价值的最大化。这种生态化的经营策略，使得农鼎慧能够更好地适应市场的变化和需求，同时也为整个生态系统注入了更多的活力和创造力。

"变自生变"是农鼎慧社区商业生态的核心竞争力之一。通过不断适应市场的变化和需求、勇于创新、激发整个生态系统的活力和创造力、打造产业生态链等方式，农鼎慧实现了自身的快速发展和壮大。

在未来的发展中，农鼎慧将继续秉持"变自生变"的理念，不断适应市场的变化和需求、勇于创新、激发整个生态系统的活力和创造力、打造产业生态链，从而实现更加快速和稳健的发展。农鼎慧也将继续致力于打造一个更加开放、透明、共赢的生态系统平台，为更多的合作伙伴提供全方位的支持和服务，共同实现商业价值的最大化。

在农业二次工业化的大时代背景下，农鼎慧通过建设助农数字高速路为切入口，把"蔬菜基地—田头工厂—净菜工厂—智慧菜场—社区—家庭的生鲜"全产业链安全闭环打通，实现了数字平台统一、安全溯源码统一和菜品标准化统一。现阶段农鼎慧已经完成了"蔬菜基地—田头工厂—净菜工厂—智慧菜场—餐厅（提货柜）—中餐机器人的B端"闭环。

接下来将通过家庭版中餐机器人和社区冷藏提货柜打造"蔬菜基地—田头工厂—净菜工厂—智慧菜场—社区—家庭的C端"闭环，以实现将农田的蔬菜安全地送到每个家庭的餐桌的目标。

蔬菜基地　　净菜工厂　　智慧菜场　　餐厅(提货柜)　　中餐机器人

农鼎慧全产业链

第 3 章

超级符号：
什么是农鼎慧的
安全闭环

在农鼎慧事业推进过程中，实际上已经出现了一个很重要的多重环节，那就是我们务必要把现在所做的事业做成一个"安全＋闭环"的事业。而在传统的行业里面，它其实是很难实现的。如果你能够找到一个"安全＋闭环"的项目，实际上你的创业就已经完成了。

3.1　商业模式安全

第一，安全实际上代表我们的商业模式安全，只有商业模式安全，才能够做一个安全的事业，这是毫无疑问的。

第二，当事业闭环发展时，就意味着安全和可持续发展，创业自然而然就成功了。

拿农鼎慧身边的例子来说，农鼎慧员工及其家人能够吃到安全食品，这是一种油然而生的自豪感，这远比赚取多少财富更让人骄傲和自豪。我相信凭借安全和闭环，农鼎慧就能够持续发展，安全是农鼎慧的生命线，而安全也是抢占市场的重要考量，而对于安全进行考量，这是目前很多互联网平台单独依靠资本和技术无法保障的。

基于这一点，我从创业早期的智能家居领域切入到了社区生鲜食材运营场景。虽然说，在农鼎慧会对所选择产品进行精选的同时，可能已有不少互联网平台早已开始这样的精选步骤，但其实农鼎慧的产品运营与其他平台并不相同，现阶段主要体现"安全＋闭环"的特性，因为农鼎慧社区商业生态必须要把它做到非常安全，并且只能选择具有"安全＋闭环"属性的生意。

从市场端的角度来说，农鼎慧想做长久生意，就必须完成商业模式闭环，在商业经营当中有三个最关键的点：第一个是源头，就是你的货源；第二个是物流安全；第三个是消费者购买安全。

在我们鲜制菜业务里面，第一，工厂帮我们清洗菜品达到一定安全性。第二，就是农鼎慧智慧农贸平台，也就是智慧菜场，它实际上是一个物流环节，这个物流环节也是农鼎慧的信息化系统，也是闭环的重要构成。第三，就是我们的消费者，消费者现在因为使用中餐机器人来替代传统的消费行为，用中餐机器人锁定消费，所以说商业模式闭环由此形成从"源头到物流再到消费"形成闭环。

从农鼎慧十多年的发展历程来看，只有生鲜行业才能形成"安全＋闭环"的商业模式。这也是我做智慧社区七八年，做智慧农贸做了三年，直到现在才发现这一个业务能够做成闭环。

净菜工厂帮农鼎慧清洗菜品达到一定安全性

3.2 "安全＋闭环"彰显生态价值

农鼎慧明白"安全"是商业生态的基础。在食品领域，安全问题至关重要。只有确保食品的安全性，才能赢得消费者的信任和忠诚度。因此，农鼎慧从食材采购、加工生产、仓储配送到消费者餐桌的各个环节，都严格把控安全关。通过建立完善的质量管理体系和食品安全标准，确保所提供的商品符合国家和消费者的质量要求。

"闭环"是农鼎慧实现商业生态价值的重要手段。在形成闭环后，农鼎慧便可以锁定下游的消费者，锁定上游的供应链。这意味着农鼎慧可以更好地掌控供应链的话语权，与供应商建立紧密的合作关系，降低成本、提高效率。同时，通过对消费者的锁定，农鼎慧可以更好地了解市场需求和消费者行为，优化产品和服务，提高客户满意度和忠诚度。

"安全＋闭环"的理念在农鼎慧的商业模式和经营策略中得到了充分体现。农鼎慧采用 S2B2C 分布式生态架构，通过搭建一个开放的生态系统平台，为城市合伙人提供全方位的支持和服务。在这个平台上，农鼎慧与城市合伙人共同打造产业生态链，实现商业价值的最大化。

"安全＋闭环"彰显了农鼎慧社区商业生态的价值所在。通过严格把控安全关、建立完善的质量管理体系和食品安全标准，以及实现闭环后的供应链话语权提升和消费者锁定，农鼎慧实现了自身的快速发展壮大。这种"安全＋闭环"的理念也给其他企业提供了重要的借鉴和启示，帮助它们在竞争激烈的市场环境中获得持续的优势和领先地位。

在未来的发展中，农鼎慧将继续秉持"安全＋闭环"的理念，不断优化和完善商业生态系统。通过加强与合作伙伴的紧密合作，共同制定行业标准和规范，推动整个行业的健康发展；通过不断提升产品质量和服务水平，满足消费者日益增长的需求；通过持续创新和拓展市场，实现更加快速和稳健的发展。

因为只有做到"安全+闭环"，农鼎慧的社区商业生态才有根本价值。这也是我跟合伙人以及合作朋友们一起分享的一个重要概念，如果农鼎慧想做一个长久的生意，想持续地从菜盒上面赚取利润并且实现财富自由的话，你必须要考虑农鼎慧所有环节的闭环。

3.3 安全高效的商品供应

众所周知，中国拥有庞大的食品安全消费需求，但由于我国土地结构中适宜耕种粮食的土地面积有限，要实现既满足食品供应又保证食品安全比较困难，而农鼎慧现在就是在解决这个问题，并以食品安全为导向，提出"放心菜、放心买、超便捷"理念进行产业布局，建立安全高效的生鲜全产业链安全闭环，为大家提供安全、可靠、性价比高的商品，这也是农鼎慧的历史使命，也是农鼎慧长久发展和保持核心竞争力的重要支撑。

农鼎慧有自己的上市规划，有自己的资本路径，有自己的招商模式，有自己的商业模式体系，有自己的区块链系统，还有一整套由完整的"安全+闭环"的商业系统形成的社区商业生态，并不是像大家理解的传统的一个简单生意。

在农鼎慧的商业模式中，"安全"和"高效"是至关重要的两个因素。农鼎慧注重食品安全，从食材采购到加工生产、仓储配送再到消费者餐桌的各个环节，都严格把控安全关。通过建立完善的质量管理体系和食品安全标准，确保所提供的商品符合国家和消费者的质量要求。

农鼎慧注重高效运作。在构建商业生态时,农鼎慧不仅关注商品的质量和安全,还注重整个供应链的高效运作。通过优化供应链管理,降低成本、提高效率,为消费者提供性价比高的商品。同时,农鼎慧还通过采用先进的科技手段和互联网技术,提高运营效率和服务质量,为消费者提供更加便捷的消费体验。

农鼎慧打造的社区商业生态不仅包括智慧菜场、农产品供应链等环节,还涵盖了金融、物流、信息技术等领域。通过与合作伙伴共同制定行业标准和规范,推动整个行业的健康发展;通过持续创新和拓展市场,实现更加快速和稳健的发展。农鼎慧也将继续致力于打造一个更加开放、透明、共赢的生态系统平台,为更多的合作伙伴提供全方位的支持和服务,共同实现商业价值的最大化。

农鼎慧真切实意地在做"安全+闭环",同样能够给我们团队以充分的信心,包括城市合伙人、市场合伙人、农鼎慧的员工等,帮助我们中国实现食品安全,助力建设食安中国,让我们自己、自己

一起守护十五亿人的餐桌安全

的子孙后代，都能够吃到安、放的食材，也能够帮助农鼎慧建立更安全的食品供应链。

不论是从市场端还是从我们的竞争端，还是从我们的需求端，还是我们的团队端，我们都要做一个"安全＋闭环"的事情，与所有合伙人一起前行，在农鼎慧体系里发挥自己的力量，共同打造一个"为14亿人守护餐桌安全"的体系，增强农鼎慧市场竞争力和团队凝聚力，这就是农鼎慧选择"安全＋闭环"这个超级符号的原因。

第 4 章

升维智造：
S2B2C 全链系统的
创新与突破

S2B2C最早源自阿里巴巴，由阿里巴巴曾鸣先生提出来，实际上，S2B2C商业模式是一个终极商业模式，因为，所有的商业模式最终都是围绕B端和C端展开布局，并由B端客户向C端渗透。

4.1 S2B2C商业模式符合政策要求

农鼎慧的S2B2C商业模式是其社区商业生态的核心运作方式。这种模式以菜场为切入点，通过与商户和消费者之间的互动，实现多方的共赢和社区商业生态的良性循环。

S2B2C是一种创新的商业模式，它强调的是通过构建一个大的供应链系统（S），为小B端商户提供支持和服务，同时链接C端消费者。在这个模式中，农鼎慧扮演着供应链上游的角色，通过控制食品安全，为小商小贩提供可靠的供应链保障。

国家政策鼓励小商小贩的发展，并要求食品供应链上游保障供应安全。农鼎慧的S2B2C商业模式恰好符合这一政策要求。它通过控制供应链安全，为小商小贩提供了持续健康发展的机会，同时也满足了国家政策的要求和市场对于食品安全的需求。

另外，政策也明确规定不允许资本市场过多干预菜场类民生工程。农鼎慧的S2B2C商业模式与其定位相符，它并不与商户抢生意，而是通过赋能给小B端商户，帮助他们拓展市场资源，同时保障食品安全。这种做法既符合政策要求又满足了政府对于民生工程的需求。

农鼎慧的 S2B2C 商业模式还具有多方面的优势。首先，它能够有效地整合供应链资源、提高效率、降低成本。其次，通过赋能给小 B 端商户，它可以提高商户的竞争力，帮助他们更好地应对市场的挑战。最后，通过链接 C 端消费者，它可以更好地了解市场需求和消费者行为，为消费者提供更加优质的产品和服务。

这种模式可以促进社区商业生态的良性循环，推动农鼎慧的持续发展和升级。

农鼎慧 S2B2C 商业模式图

4.2　S2B2C 商业模式对农鼎慧的意义

在前面的内容中，我们介绍了农鼎慧社区商业生态采用分布式发展，各个地区发展运营彼此不受影响，但同时要想实现农鼎慧社区商业生态在全国落地，我们就必须有一个自己的高效模式，这个模式就是 S2B2C 商业模式。

S2B2C 商业模式构成完整 S 供应端，为 C 端、B 端提供服务，那么在全国分布式落地过程中，S2B2C 商业模式是我们快速落地的唯一选择，我们想覆盖全国一万家菜场，就必须为城市合伙人赋能，就需要通过城市合伙人有效触达 C 端客户，最终形成一个统一的供应链系统，从而达到快速商业扩张的目的。

农鼎慧对我们的城市合伙人进行赋能：农鼎慧提供建设菜场的资金，提供建设菜场的方案，提供智慧菜场的运营方案，提供智慧菜场里面的主营业务——鲜制菜业务，这些全部免费提供给城市合伙人，城市合伙人利用农鼎慧赋能为 C 端客户，提供鲜制菜业务，为我们的菜场里面的商户提供智慧农贸平台，为商户提供一个生鲜平台，这样既可以获得政府支持，同时也符合城市合伙人的发展要求。

有人建议农鼎慧可以直接选择在当地发展社区商业生态，这样农鼎慧可能会赚取较大利润，但同时农鼎慧也会丧失全国生态快速扩张的机会。

因为在三到五年时间内，政府可能会对全国所有菜场进行智慧菜场升级，那么农鼎慧就要利用这三到五年时间迅速进行扩张，所以就必须要利用 S2BSC 商业模式快速占据一万家菜场。

在这个过程中，农鼎慧持续对城市合伙人进行赋能，包括免费提供软硬件设备，帮助城市合伙人把智慧菜场落地运营。对于餐厅经营者而言，农鼎慧提供中餐机器人等机器，提供供应链订单系统，可以帮助餐厅经营者降低经营成本 60% 以上。

在这整个体系中，农鼎慧与菜场、餐厅等等都是合作关系，农鼎慧并不会抢占原有市场资源，避免了与原有商业体系的竞争，这样就能与之保持良性发展关系，让农鼎慧的机器人、鲜制菜盒、供应链悄然与整个生态融为一体，推动整个生态良性快速发展，所以说农鼎慧既能够以最低成本快速发展，同时能够避免与原有的商业体系竞争。在这个过程中农鼎慧 500 个城市合伙人可以把控一万个菜场，每个菜场周边可能有一万多个家庭，相当于农鼎慧就拥有了三到五个亿准客户，这是非常难得且宝贵的资源。

农鼎慧的定位是数字化社区生活服务升级服务运营商，采用差异化的竞争模式，为底层 B 端赋能，同时为 C 端客户提供服务，同时源源不断地为农鼎慧平台提供 C 端客户，提供对应的一些资源，所以说农鼎慧 S2B2C 模式响应了政府号召，满足了我们农鼎慧的快速扩张需求，避免了与原有的商业体进行竞争，实现了差异化竞争，我们农鼎慧所采用 S2B2C 模式与其他平台并不相同，这样也保证了农鼎慧的核心竞争力。

第 5 章

**跨界共赢:
区块链通证的
存在意义**

农鼎慧追求的是建设一个自驱动的社区经济商业体系，通过相应的系统来搭建自驱动社区商业经济体系。

5.1 自驱动社区商业经济体系

农鼎慧的社区商业生态是一个多平台的复杂体系，包括商业平台、金融平台、政府监管、消费平台等属性。同时，它还具有多市场属性，比如多个菜市场单独存在，每个菜市场归属于不同的城市合伙人。因此，农鼎慧社区商业生态是一个多平台、多市场、多主体、多业态的商业综合体。

这样一个多平台、多市场、多主体、多业态的社区商业生态，需要用一个统一的系统进行串联，才能实现持续发展。经过五年的持续探索和深入研究，农鼎慧成功地将研究理论转化为可持续、可发展、可落地的社区商业生态平台。这个平台依托于社区通证系统，推动农鼎慧社区商业生态的持续发展。

社区通证系统是农鼎慧社区商业生态的核心组成部分之一。它是一种基于区块链技术的通证系统，可以有效地将各方有效联合起来，形成自驱动的商业体系。在这个系统中，每个参与者都可以获得一定的通证，这些通证可以在生态系统中流通和交易。这些通证的价值取决于其在生态系统中的贡献值，贡献值越高，通证的价值也就越高。

通过这个社区通证系统，农鼎慧可以实现各方有效联合，形成自驱动的商业体系。在这样一个自驱动的商业体系中，每个参与者都可以获得相应的回报和激励，从而激发其积极性和创造力。同时，这个自驱动的商业体系还可以根据市场的变化和需求进行自我调整和优化，实现持续发展和升级。

综上所述，农鼎慧社区商业生态是一种自驱动社区商业经济体系。通过将区块链技术与农鼎慧的社区商业生态相结合，可以实现多方联合、自驱动的商业体系。在这个体系中，每个参与者都可以获得相应的回报和激励，从而推动农鼎慧社区商业生态的持续发展和升级。

5.2 发展和政策鼓励

在农鼎慧的社区商业生态中，发展和政策鼓励是相辅相成的。一方面，农鼎慧积极响应国家政策，利用区块链技术推动社区商业生态的发展；另一方面，国家政策的鼓励和支持也为农鼎慧的发展提供了良好的环境和机遇。

农鼎慧积极探索区块链技术在社区商业生态中的应用，以推动其生态系统的持续发展和升级。区块链技术具有去中心化、可追溯、自驱动力等特点，这些特点为农鼎慧的社区商业生态提供了很好的技术支持。通过区块链通证系统，农鼎慧可以将各方有效地联合起来，形成自驱动的商业体系，从而更好地满足消费者的需求，提高市场竞争力。

国家对于区块链技术的发展给予了高度的认可和鼓励。虽然禁止利用区块链技术进行虚拟货币交易，但是国家政策明确发文鼓励区块链技术在数字经济、实体经济等领域的应用。这一方面为农鼎慧等企业提供了更加广阔的发展空间和机遇，另一方面也对其技术研发和应用提出了更高的要求和挑战。

在农鼎慧的社区商业生态中，区块链通证系统的应用不仅适用于城市合伙人，还适用于所有参与生态建设的合作伙伴和员工。他们可以通过持有通证来获得贡献值，并按照一定规则回馈每一个消费者以及参与者的贡献。这种机制可以有效地激励大家积极参与生态建设，分享农鼎慧的发展成果。

农鼎慧还通过建立自运营商业体系，根据贡献值计算各方的贡献并回馈给消费者和参与者。这种回馈方式不仅体现了公平和公正，还可以激发大家的积极性和创造力，推动生态系统的持续发展。

农鼎慧利用区块链技术推动社区商业生态的发展，并得到国家政策的鼓励和支持。通过建立自运营商业体系和回馈机制，农鼎慧可以实现各方有效联合，形成自驱动的商业体系，从而更好地满足消费者的需求，提高市场竞争力。在未来的发展中，农鼎慧将继续积极探索和创新，以实现其持续发展和升级的目标。

5.3 多平台并存运营

农鼎慧的多平台并存运营模式是其社区商业生态的重要组成部分。通过线上线下资源的整合，农鼎慧将生鲜业务、惠购商城、自营商城等相互独立的板块结合在一起，形成了多平台的运营模式。

这种多平台并存运营模式具有以下几个优点：

多平台并存运营能够满足不同客户群体的需求。不同的客户群体有不同的消费习惯和需求，多平台运营可以提供更多的选择和便利，从而吸引更多的客户。例如，生鲜业务主要服务于对新鲜食材有需求的消费者，而惠购商城和自营商城则可以满足消费者对于不同种类商品的需求。

多平台并存运营可以提高企业的竞争力。在不同的平台上，企业可以发挥自身的优势和特点，提供更加优质的产品和服务，从而获得更多的市场份额。例如，农鼎慧的生鲜业务可以通过其独特的供应链和物流体系，提供更加新鲜、优质的食材，而惠购商城和自营商城则可以通过其丰富的商品种类和优惠的价格吸引更多的消费者。

多平台并存运营还可以提高企业的抗风险能力。在不同的业务板块之间，企业可以实现相互支持和互补，从而降低单一业务的风险。例如，当生鲜业务受到天气、疫情等不可控因素的影响时，惠购商城和自营商城可以提供稳定的收入来源，支持企业的整体发展。

在农鼎慧的社区商业生态中，多平台并存运营需要使用双套通证系统来实现。其中，固定惠豆系统是农鼎慧最基础的积分系统，它无法在多个菜场间互通，但可以在农鼎慧体系中进行兑换。这个积分系统可以用于兑换商品、优惠券等福利，从而鼓励消费者在农鼎慧的多平台上进行消费和参与。

同时，农鼎慧还会为商户提供相应的贡献值，用于兑换相关权益或现金使用。商户可以通过在农鼎慧的多平台上进行营销、推广、服务等方式获得贡献值，从而获得更多的收益和回报。这种贡献值系统可以激励商户与农鼎慧合作，积极参与社区商业生态的建设和发展。

多平台并存运营是农鼎慧社区商业生态的重要组成部分，通过线上线下资源的整合和独特的双套通证系统，农鼎慧可以实现多个业务板块之间的相互支持和互补，提高企业的竞争力、抗风险能力和客户满意度。同时，这种运营模式还可以为商户提供更多的机会和收益，促进整个社区商业生态的繁荣和发展。

5.4　区块链技术权益保障

我们农鼎慧惠豆是用区块链技术设计的，因此，它具有社交转让属性，当你在农鼎慧商城花费 1 500 块钱购买一把指纹锁，你就可以获得 1 500 惠豆，它可以转让给其他人在农鼎慧菜场进行消费。所以，惠豆有三个使用场景，一个是在商城直接抵用，另一个是在菜场买菜抵用，最后一个是直接兑换成现金。实际上，惠豆也可以通过区块链来兑现贡献值，而且，农鼎慧储备了 0.5 元兑付每个惠豆的兑付能力，保障参与者利益。

在农鼎慧系统中产生的所有价值，会被分配成 2 亿份，有可能是现金，可能是股权，可能是期权，也可能是未来的一些收益权，都会按照 2 亿份去进行均分，这就决定了农鼎慧的贡献值，与社会上的单纯积分截然不同，是可供分配部分的价值。

第一个直接价值就是农鼎慧以后所有的菜市场广告收益，如果我们有 1 万个菜市场，每年将产生 70 亿元到 100 亿元的广告价值，如果我们进行分配，一个贡献值一年就可以分到 35 万元，如果你拥有了 10 万个贡献值，你就会得到 350 万元。

农鼎慧贡献值总额是 2 亿个，具体分为两个方向，一个是鼓励在我们农鼎慧平台上面产生交易，另一个就是要奖励农鼎慧社区商业生态的建设，需要我们团队、渠道参与，只要参与农鼎慧社区商业生态建设，都能获得相应贡献值，从而获得长远利益回报。

5.5 轻资产运营持续成长

农鼎慧运营发展方向是轻资产运营模式，农鼎慧会通过上市的方式，获得更多社会资金进行全国生态布局，全国分布着 200 个左右的城市合伙人，如果每个城市合伙人拥有 50 名左右的员工，那么农鼎慧员工体系就会达到 10 000 人。

那如何让这 10 000 人回归价值呢？在农鼎慧体系中把一个亿的贡献值分成了三个板块，分别是系统维护、农鼎慧团队（农鼎慧股东、运营团队、省级合伙人）、城市合伙人与市场合伙人。所以，可以看到，农鼎慧 2 亿元贡献值一部分用于鼓励参与平台交易，另一部分用于农鼎慧平台建设，因此，对于农鼎慧来说，我们贡献值的运作核心是以交易作为锁定条件的。

举例来说，农鼎慧的城市合伙人参与农鼎慧项目，通过农鼎慧城市合伙人考核，每进驻一个菜场都有对应的一些贡献值，这个菜场每年产生的 GMV（商品交易总额）中，有一部分奖励给城市合伙人。贡献值既可以转化，也可以冲抵农鼎慧公司现金使用，并且贡献值代表的价值不是固定的，未来会随着农鼎慧生态发展持续增长。

农鼎慧运营系统的初衷是建立自驱动系统，这其中包括：可变量价值体系通证系统和不可变量价值体系惠豆，这两套系统相互作用能够帮助农鼎慧、城市合伙人以及合作伙伴进行自驱动运营这个系统，而不需要农鼎慧通过复杂的管理干预，农鼎慧只需要进行通证系统的调节，就能够对整个体系产生自驱动力，所以，这就是农鼎慧做通证系统最核心的原理，并且这样也能够解决信任问题，这与参与农鼎慧生态建设的每个人的权益息息相关。

第 6 章

地基法则:
稳步建设基础标准

农鼎慧生态体系的建设与建设高楼大厦一样，需要打下坚实的地基。只有打下扎实根基，农鼎慧生态体系才能长期稳固发展，而智慧菜场就是农鼎慧生态体系中重要的地基。

此前，许斌老师曾说过智慧菜场是农鼎慧社区经济的桥头堡，在这个地基基础上，农鼎慧会会生成出很多上市公司和多种业态，并且，逐步形成农鼎慧的一个社区商业生态系统。

6.1 智慧菜场建设标准化

我们要研究如何构建这个地基？

农鼎慧与全国各地城市合伙人共同努力实现落地一万家菜场，由于地区差异和城市合伙人不同，我们在发展过程中就需要建立统一建设标准，让全国生态体系落地高效对接，统一协调，通过标准化模板实现高效复制，快速落地。

那么，如何实现一个智慧菜场的标准化？

首先是要实现数据统一的标准化，就是将所有的菜场都采用统一的标准化建设方案，实现数据统一，从而实现把所有的菜场数据信息进行统一管理。

第二个是部署快速，因为农鼎慧采用了标准化建设方案，就可以实现生态体系快速落地。

第三个是统一维护方便，农鼎慧按照标准化的系统来进行建设，后期高效维护方便省心。

最后是金融对接畅通，由于采用了标准化的建设方案，所以在与金融机构对接资金时，可以实现往来便捷，并保障交易安全。

具体来说，在农鼎慧体系中，每个菜场采用统一标准，设施设备的配置就是采用统一的标准化设备进行配置，包括电子秤、数据大屏、公示屏等。在社会上有一些电子秤，仅仅只是具有显示器和称重功能，无法像农鼎慧的电子秤那样，实现常规称重、数据互联等多种功能，而农鼎慧创新性地做了这个工作，就可以高效便捷地收集到农贸市场相关数据，为后期数据的流通提供硬件支撑。

同样，这也说明标准化建设在农鼎慧并不是停留在口头，而是落实在每一个实处，尽管这会耗费农鼎慧大量人力、物力和财力，但农鼎慧还是选择去做这件事。

农鼎慧第二个标准化就是使用SAAS平台，在这个平台上，不同商户可以根据不同属性申请账户，这样，每个环节都能够在这个体系平台实现高效联接。

最后一个标准化就是银行系统标准化，凡是使用农鼎慧标准电子秤，必须使用指定的银行系统，这样可以集中交易流水，发挥集群效益，为我们提供更大收益。

下一步就是农鼎慧菜场系统安装部署的标准化，安装部署的标准化开端，就是要调动菜场商户积极参与，通过发布公告、办公室设立、商户集中化培训、市场台账建立、电子秤部署培训、平台安装调试，不难看出在智慧菜场建设方面农鼎慧有一整套的流程和方案，可以最大限度降低城市合伙人新建一个菜场的成本投入，实现生态快速落地发展。

标准化智慧菜场

6.2 运营方案标准化建设

菜场建设是农鼎慧社区商业生态中的重要一环，但完成菜场建设并不意味着生态系统已经搭建完毕。相反，这只是生态长期发展的开始，接下来需要进行的智慧农贸平台的运营标准化建设才是关键。

运营标准与建设标准有着根本区别。建设标准可以理解为如何把智慧菜场基础设施搭建完成，实现日常农贸交易的正常运转。而运营标准则可以理解为智慧菜场日常运营过程中，为了与市场方、市场商户等高效合作对接而制定的标准。

为了实现运营方案的标准化建设，农鼎慧需要采取一系列措施。例如，要建立一套完善的运营管理体系，包括对市场方、市场商户和消费者的管理。对于市场方，农鼎慧需要与其建立紧密的合作关系，共同制定运营标准和管理规范，确保智慧菜场的高效运转。对于市场商户，农鼎慧需要与其进行良好的沟通，了解其需求和问题，为其提供专业的指导和支持。对于消费者，农鼎慧需要建立完善的反馈机制，及时收集和处理消费者的意见和建议，不断提高服务质量和满意度。

农鼎慧需要建立一套完善的培训体系，为市场方、市场商户和消费者提供专业的培训和支持。对于市场方和市场商户，培训内容包括智慧菜场的使用技巧、农产品质量鉴别、市场营销策略等。对于消费者，培训内容包括农产品质量鉴别、健康饮食知识、购物流程等。通过培训，可以提高各方对智慧菜场的认知和使用技能，促进智慧菜场的健康发展。

农鼎慧还需要建立一套完善的激励机制，鼓励市场方、市场商户和消费者积极参与智慧菜场的运营和管理。对于市场方和市场商户，激励机制可以包括提供优惠政策和奖励措施，鼓励其积极参与智慧菜场的推广和运营。对于消费者，激励机制可以包括提供优惠券、积分兑换等福利，鼓励其积极购买农产品并参与评价和反馈。

农鼎慧需要不断优化和完善智慧农贸平台的运营标准和管理规范。随着市场的变化和消费者需求的变化，智慧农贸平台的运营标准和管理规范也需要不断进行调整和完善。农鼎慧需要不断关注市场动态和消费者需求，结合实际情况进行标准化建设和管理规范的调整和完善，以保持其竞争力和市场占有率。

通过以上方法可以推动智慧菜场的健康发展并实现长期效益，同时也可以提高农鼎慧在市场中的竞争力和品牌形象，为未来的发展奠定坚实的基础。

6.3 核心体验官标准化

为了实现社区商业生态全覆盖，农鼎慧创新性地提出社区核心体检官体系，并由此创立一套完整标准，包含社群标准化管理、社区团长标准化、物流体系标准化、市场周边爆款管理标准化、周边信息库监管标准化等等。

社群标准化管理是指农鼎慧通过标准化社群管理、标签管理、用户人群管理等方式，创立的一套完整建设和管理方案，从而进行社区商业生态高效管理和资源对接。

农鼎慧社区团长建设是核心体验官的主要工作，农鼎慧通过实战摸索建立起完整的社区团长管理标准，与团长进行合作签约，形成标准化方案。

物流体系标准化，农鼎慧生鲜全产业链安全闭环和社区商业生态落地，都需要有强大的物流体系支撑，让安全食材配送到餐厅和每个家庭，物流自然也成为其生态高效运转的重要保障，而农鼎慧对于物流体系的建设已经形成一套完整、成熟的落地标准化方案。

市场周边爆款管理标准化，农鼎慧会定期在市场周边进行巡查，搜集爆款商品信息，确认所存在的爆款商品是否可以在其他地区进行高效复制，从而建立农鼎慧新商品供应链体系，不断丰富壮大农鼎慧社区商业生态。

周边信息库监管标准化，比如菜场周边的网吧、棋牌室、餐厅、养老院等场所，而这些场所都是未来我们菜场周边中餐机器人的潜在客户，这就需要我们对菜场周边情况深度了解。同样，根据所掌握的周边信息数据，农鼎慧就可以计算出一个菜场周边中餐机器人合理的铺设数量，并且可以根据不同的菜场周边情况进行灵活地调整，实现菜场周边生态健康持续发展。

农鼎慧完成了智慧菜场建设方案标准化以及运营市场标准化，而这些标准方案也将根据市场情况和农鼎慧社区商业生态体系的发展不断更新和完善，为农鼎慧生鲜全产业链安全闭环和社区商业生态建设保驾护航。同时为后续各个城市合伙人、市场合伙人、银行系统等各类运营方的进入留好接口,这些为农鼎慧菜场地基建设打下了坚实的根基,从而也为农鼎慧生态建设打下了基础。

那么依托于农鼎慧标准化的建设方案和运营方案,我们将建立农鼎慧社区核心体验官体系,而由此又会沉淀下来强大的客户基础,这些强大的客户基础也将在除菜场外的农鼎慧社区商业生态中产生巨大价值。

简言之,农鼎慧在智慧菜场建设方面依托智慧菜场建设标准化、智慧菜场运营标准化以及智慧菜场社区核心体验官标准化三个步骤,建立了农鼎慧社区商业生态的地基,加之农鼎慧中餐机器人和鲜制菜业务的拓展,未来农鼎慧也会获得更多人的帮助,农鼎慧社区商业生态也会取得蓬勃发展。

第 7 章

裂变增长：
农鼎慧主营业务案例

众所周知，农鼎慧的三大主营业务包括占菜场、铺机器、卖菜盒。我们继续深入研究这一体系是如何构建的？并讨论在未来工作中如何高效推动这三大主营业务？对此，农鼎慧实际上拥有一套完整的方法论。

占菜场、铺机器、卖菜盒对于农鼎慧生鲜全产业链安全闭环尤为重要，其中两个最重要的关键词是"闭环"和"安全"，我们在实现生态闭环的同时，也在不断追求优化农鼎慧社区商业生态中的安全问题。

占菜场需要通过整合供应链上中下游资源，比如：上游蔬菜等食材供应、中游渠道服务商、下游是消费者，农鼎慧占据菜场后还可以进行产业链优化整合，比如，增加上游农鼎慧净菜车间，下游拓展我们的炒菜机器人，锁定 C 端消费者，包括我们的菜场，就可以形成整个生鲜全产业链安全闭环，所以说，占菜场是农鼎慧产业链上非常关键的一个环。

而铺机器实际上是农鼎慧锁定了生鲜消费，因为中餐机器人只能与农鼎慧鲜制菜盒配套使用，这样就可以与我们产业链上游的净菜车间实现衔接完成闭环，从而锁定生鲜消费，保障基础销量，并且，机器铺设完成后农鼎慧可以由此与上游净菜工厂进行锁定，所以，这就是农鼎慧为什么占菜市场后，先铺机器的原因。

机器铺设后农鼎慧开展卖菜盒业务，实际上就是在验证 S2B2C 商业模式，因为农鼎慧不是做传统的餐饮生意，直接将饭菜提供给消费者，而是通过我们的中餐机器人帮农鼎慧带动菜盒销量，所以，可以看到每台中餐机器人其实是农鼎慧的B端，帮助农鼎慧源源不断销售菜盒，从而持续提高农鼎慧市场占有率。

同样，农鼎慧机器铺设完成的，上游净菜工厂与农鼎慧合作生产鲜制菜盒，这样就完成了鲜制菜盒供应链，农鼎慧往下延伸就可以对菜场商户进行菜盒批发业务，最终消费到C端社区居民，实际上，农鼎慧生态闭环就完成了向社区消费者的渗透。

农鼎慧使用的中餐机器人

综上所述，农鼎慧占菜场、铺机器、卖菜盒三大主营业务是环环相扣、紧密相连的，并不是各自独立存在，而是同步进行，从而构成农鼎慧生鲜全产业链安全闭环体系。

要实现农鼎慧生鲜全产业链安全闭环整个体系的快速构建落地，需要多方力量共同参与，农鼎慧投资层市场合伙人提供早期启动资金，用于购置早期基础设施。执行层城市合伙人进行菜场建设等完成当地生态闭环落地，这些闭环落地并产生交易流水后，农鼎慧就可以通过资本市场、银行、政府补贴等，获得更多资金来源和支持，那么投资层和执行层的权益也都能实现保障，并且，这些收益是持续不断的长久收益。因为，只要吃饭，就有钱赚。

同时，为了更好地推动农鼎慧生鲜全产业链安全闭环在全国的加速落地，农鼎慧以免费软硬件设备和全套完整解决方案构成农鼎慧生态的赋能层，并将农鼎慧公司技术部、招商部、赋能中心、财务部、行政部、供应部和运营部等部门包括进来，为农鼎慧占菜场、铺机器、卖菜盒业务提供强大的支撑保障。

农鼎慧分为业务层、投资层、执行层、赋能层等，有诸多的不同参与方，但实际上它是一个完整的闭环系统，而在这个闭环系统中，农鼎慧是在做最核心工作，即保障农鼎慧生鲜全产业链安全闭环高效落地、快速复制，实现全国生态快速发展。

另外，需要特别重申的是，农鼎慧占菜场、铺机器、卖菜盒三大业务并不是分开先后进行的，而是同步进行的，组合发挥"1＋1＋1＞3"的效果，三者互有关联，同时又相互独立，分别具备各自的价值。

在这三大业务进展过程中，农鼎慧公司组织架构围绕这三大业务进行调整优化，而不是传统公司模式，先有部门架构，再确定业务发展方向，这样做，让公司发展丧失很多机遇和可能性，农鼎慧公司是围绕业务方向进行适时调整，而且实现组织架构建设成本最低，实现公司资源合理优化配置，从而为三大业务加速推进提供保障，为社区商业生态加速落地提供支持。

7.1 农鼎慧成功改造升级智慧菜场

7.1.1 以智慧菜场为核心，筑起食品安全防线

在如今这个食品安全日益受到关注的时代，农鼎慧以坚定的信念和务实的行动，引领着食品行业的革新。致力打造以"一万家菜场为核心"的社区商业生态，旨在守护十四亿人的餐桌安全，构筑起食品行业坚实的安全壁垒。

1）生鲜全产业链安全闭环，建设安全防线

农鼎慧以一万家智慧菜场为核心，构建起一个紧密相连的社区商业生态系统。这个生态不仅仅是一个商业模式，更是为了确保食

品的质量和安全，从而将生产、供应、销售各个环节有机结合、落地运营。

在这个生态系统中，农鼎慧已经实现了 B 端的闭环，通过智慧菜场、餐厅以及中餐机器人等有机组合，实现从源头到餐桌的安全闭环。在这个过程中，农鼎慧严控供应链合作伙伴，提高食品安全行业标准。其战略合作伙伴"肴滚智慧大厨"的中餐机器人更是受到了不少赞许。

媒体对中餐机器人的相关报道

接下来，农鼎慧将要实现 C 端闭环，将蔬菜基地、净菜工厂、智慧菜场、社区提货柜、家庭版中餐机器人等环节紧密衔接，确保将农田安全食品护送到每个家庭餐桌上。

2) 放心菜，放心买，超便捷

在农鼎慧的生态系统中，始终秉承"放心菜，放心买，超便捷"的客户价值主张。这是农鼎慧对每一位消费者的承诺，也是农鼎慧人毕生奋斗的动力。农鼎慧严格把控生产、运输、加工等环节，确保每一份食品都符合最高标准。

具体来说，农鼎慧与获得国家农业部绿色认证的示范蔬菜基地达成长期战略合作，从源头保障食材安全放心，并通过高标准净菜工厂深层洗切封装，充分保障食材安全健康。

同时在智慧菜场搭配农鼎慧专属溯源电子秤，对每一份菜品可溯源其供应全流程，让居民实现"放心菜，放心买"。

农鼎慧还将智慧菜场作为整个供应链的前置仓，借助智慧餐厅和社区提货柜，为居民提供超便捷的餐饮体验。

3) 前行不止，社区商业生态

现阶段，农鼎慧已经通过生鲜全产业链安全闭环实现 B 端成功落地，很快就要实现 C 端消费场景的打通，但这对于正高速发展、日新月异的农鼎慧来说，仅仅只是开始。

农鼎慧的目标不仅仅只是构建生鲜全产业链安全闭环体系落地，而是以此为切入口，以智慧菜场为核心，最终完成整个社区商业生态体系落地，从而在农鼎慧社区商业生态中实现便捷放心的生活体验。

以后，你在农鼎慧社区商业生态平台中，不仅仅能够买到实惠、安全、健康的食材和享受到便捷餐饮体验，还能购买到其他放心的产品和服务，而这，也正是农鼎慧社区商业生态的魅力。

可以说，农鼎慧以生鲜全产业链安全闭环为居民构筑了食品安全的堡垒，而未来将要实现的且为之奋斗的社区商业生态，也引领着行业的变革和提供给居民更便捷、更放心、更安全的消费体验。

相信在农鼎慧的带领下，让农鼎慧人共同构筑这个安全、放心、便捷的社区商业生态，为十四亿人的餐桌保驾护航，为食品安全砥砺前行，为安心省心社区商业生态建设勇往直前。

7.1.2　农鼎慧助力传统农贸市场改造革新

当下我国不论在哪座城市，菜市场或农贸市场都是最能直接感受当地生活气息的场所之一。热闹、嘈杂、活色生香、人间烟火，这些是人们对菜市场的印象，也是其深度的魅力之一。它不仅是卖菜买菜的场所，也是中国民间重要的社交场所，更是一个城市文明生活的缩影！

然而近些年来，随着城市中各类超市、商场、新零售业态的发展，它们具备传统菜市场所拥有的商品品类，并且不断向生鲜领域突破，连菜市场仅有的"新鲜"优势也被占领了。"民以食为天，食以安为先"。然而传统菜市场普遍存在脏乱差的环境问题：陈旧的设施、昏暗的灯光、散乱的蔬果、随处可见的垃圾、潮湿的空间、散着食品混杂的气味，有的甚至是临时搭建的大棚，等等，都可能成为细菌及病毒生长的温床。

传统的农贸市场有以下共通特点：

1. 环境卫生较差。污水横流、占道经营、乱堆乱放，特别是家禽海鲜区，气味非常难闻，脏乱差的环境又如何能吸引更多的购买者呢？

2. 农贸市场的管理难度大。一个农贸市场有几十个摊位，每个摊位老板的进货渠道又有好几个，市场管理者对各经营户不能整体规划就会导致经营混乱、存在流动摊贩等情况，增加了农贸市场管理的难度。

3. 食品安全问题无法监控。传统农贸市场分散经营，监管部门对进场菜品质量很难做到统一管理，问责追责很难实现，消费者买菜的放心权益也得不到应有的保护。

传统农贸市场环境脏乱差

当下全国有近 4 万个菜市场，菜市场总规模超 3 万亿元，菜市场智慧化数字化程度仍处于较低水平。改造传统农贸市场，打造智慧农贸成为迫切需求。

那么，智慧农贸都有哪些特点呢？

1. 干净整洁的布局，感觉像在逛超市，购买欲也大大提升。

2. 菜品溯源更安全，实现高效管理。在摊位上安装大数据显示屏，显示每个摊位负责人头像、营业执照、收款码等信息，结账直接扫码支付，方便快捷。此外，摊位的智能溯源秤是食品溯源落地的最后一步，称重收银一体，商户所售的商品都要通过电子秤录入智慧农贸溯源系统。订单交易完成后就会打印出一张小票，上面有商品详情、交易时间、摊位信息、溯源二维码等。比如买的是排骨，用手机扫描小票上的二维码就会知道排骨的产地、检验及流转等信息，实现食品来源、消费行为、消费过程三大溯源。溯源收银秤的高清大屏让消费者清晰地看到菜品信息，购买更安心。

改造后的农贸市场干净整洁

农贸菜场使用溯源电子秤对上游蔬菜种植商也具有多种好处：

提升产品品质和信誉：蔬菜种植商通过使用溯源电子秤，可以更准确地控制和测量蔬菜的重量，从而确保其产品的一致性。当消费者在购买蔬菜时能够获得准确、详细的信息时，他们就更有可能对蔬菜的品质和信誉产生信任感。这种信任感可以提高蔬菜种植商的品牌形象和市场竞争力。

优化生产计划和库存管理：通过使用溯源电子秤，蔬菜种植商可以实时了解市场需求和消费者偏好。他们可以根据这些数据进而优化生产计划和库存管理，确保供应与需求之间的平衡。这有助于减少库存积压和浪费，提高生产效率，降低成本。

提高交易效率和透明度：溯源电子秤的使用可以简化交易流程，提高交易效率。当买卖双方都使用这种秤进行称量时，可以减少在称量和计价上的纠纷，提高交易的透明度和公平性。这有助于建立良好的商业关系，促进与下游合作伙伴之间的合作关系。

增加市场机会和销售渠道：通过使用溯源电子秤，蔬菜种植商可以为消费者提供更准确、更可靠的商品信息。这使得他们更容易获得消费者的信任和认可，从而扩大销售渠道和市场份额。此外，蔬菜种植商还可以利用溯源电子秤的数据来分析市场趋势和消费者行为，以便更好地调整生产和销售策略。

促进农业现代化和转型升级：溯源电子秤的使用是农业现代化和转型升级的一个重要体现。它可以帮助蔬菜种植商实现生产的数字化、智能化和精准化，提高农业生产的效率和竞争力。通过与互联网、物联网等技术相结合，蔬菜种植商可以获得更多的市场机会和商业价值。

加强生产质量控制和食品安全：使用溯源电子秤可以帮助蔬菜种植商加强生产质量控制和食品安全。通过准确记录蔬菜的重量和质量信息，可以实现对生产过程的实时监控和管理，确保产品的安全和质量稳定。这对于蔬菜种植商来说是至关重要的，因为食品安全问题越来越受到消费者的关注。

农鼎慧采用的溯源电子秤不使用第三方支付平台，用户支付直接对接银行，这对银行和国家来说，又是一大利好。

通过直接对接银行进行支付，可以减少使用第三方支付平台所带来的金融风险。银行可以更好地监管和控制支付过程中的风险，保障用户资金的安全。

银行作为具有公信力和品牌价值的金融机构，可以借助菜场使用溯源电子秤的用户支付直接对接银行的方式，增强用户对银行的信任和依赖。这有助于扩大银行的客户基础和市场份额。

通过减少对第三方支付平台的依赖，国家的金融稳定可以得到更好的保障。第三方支付平台虽然带来了便利，但也存在一定的金融风险，如资金安全、消费者权益保护等问题。如果过度依赖第三方支付平台，可能会对国家的金融稳定产生影响。

菜场使用溯源电子秤，用户支付直接对接银行，可以促进数字经济的发展。这种模式可以减少中间环节，提高支付效率，促进实体经济与数字经济的融合发展。

银行可以在此过程中拓展其服务范围，为更多人提供便捷的金融服务。这有助于推动普惠金融的发展，让更多人享受到优质的金融服务。

银行作为金融机构，具有更强的监管能力和数据分析能力。通过与菜场等实体场所的对接，可以获得更多的交易数据和市场信息，有助于加强金融监管和提高数据分析能力。

菜场使用溯源电子秤，用户支付直接对接银行，不使用第三方支付平台，对银行和国家带来多方面的好处。反过来，国家就会大力支持农鼎慧溯源电子秤的广泛应用，进而促进农鼎慧的发展。

农鼎慧对传统农贸市场的改造不仅改善了之前环境的脏乱差，为百姓提供了干净的购物环境，也为上游蔬菜种植商提供了多方面的价值，同时也为国家金融稳定提供了大量数据的支撑。未来，农鼎慧将对中国的1万多家农贸市场进行改造，农鼎慧多方面的优势将加速实现这一目标。

7.1.3 农鼎慧体验中心在钢花综合市场成功运营

2020年，农鼎慧响应政府建设智慧菜场平台的号召，拿出一整套的智慧菜场平台建设方案，三个月搭建了青山钢花综合市场智慧农贸平台，并通过了青山市场监督局的验收。继智慧农贸平台建设标准化完成后，农鼎慧脚踏实地，结合社区运营经验加上实践验证，已经建立了一套"智慧菜场＋社区"的标准运营方案。

时至今日，通过农鼎慧升级改造后的青山钢花综合市场已经成为全城智慧大菜场的示范标杆，并不定期带来多重福利，让周边居民体验到了真正的安心、便捷、实惠。

改造后的青山钢花综合市场

农鼎慧又带来了全新的便民服务。农鼎慧公司在青山钢花综合市场二楼打造了农鼎慧体验中心，丰富的菜品种类可以满足众多客户的用餐需求，同时每位客户还可以现场观看中餐机器人、智能小龙虾烹饪机与全料鲜制菜盒搭配使用，快速炒制安全美味菜品的全过程。

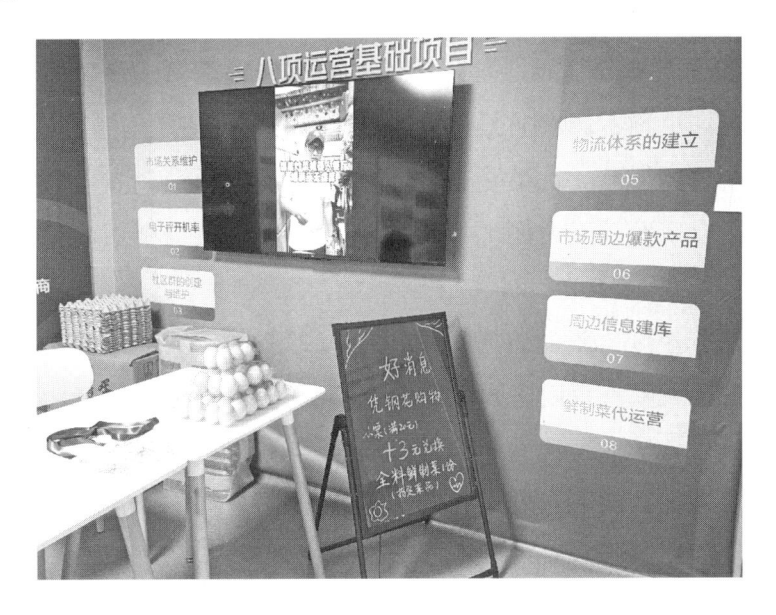

青山钢花综合市场农鼎慧体验中心

目前，农鼎慧体验中心已"上架"青椒炒肉、酸菜鱼、清炒时蔬、海带肉丝鲜汤等多道中餐家常菜，以及搭配独家秘制酱料烹饪出的蒜蓉小龙虾、油焖小龙虾、十三香小龙虾3种口味的鲜美菜肴，客户可以依据自身需求，选择方便快捷的中餐，也可以为家庭聚餐准备丰盛的小龙虾菜品。

现场干净整洁，适合客户堂食，也能为大家提供打包服务，极大地方便了上班族、老年人与小孩，让大家在饭点都能吃上热乎、新鲜、放心、美味的高性价比菜肴。

7.2 农鼎慧安全闭环在多个城市成功落地

7.2.1 江苏鲜鼎慧第一轮中餐机器人品鉴会

农鼎慧的迅猛发展之势，也让其社区商业生态在全国各地迅速扎根落地。2023年9月9日，江苏鲜鼎慧中餐机器人品鉴会在南京成功举办，也预示着农鼎慧全国生态版图的再度拓展。

暖场视频揭开了品鉴会的序幕，也让参会嘉宾对农鼎慧、鲜鼎慧的生鲜全产业链安全闭环和社区商业生态有了更全面的了解，品鉴会随即正式开始。

农鼎慧董事长兼创始人田锐先生首先上台，表达对参会嘉宾的谢意，感谢大家一直以来对农鼎慧、鲜鼎慧的支持和信任，希望携手更多城市合伙人，让生鲜全产业链安全闭环和社区商业生态在更多城市落地，共同"守护十五亿人餐桌安全"。

农鼎慧副总经理周凯致辞表示，南京是农鼎慧继武汉、十堰、安陆、宜昌、上海、深圳、广州等城市后的重要一站，也是农鼎慧社区商业生态布局全国的重要举措，农鼎慧希望与关注食品安全的合作伙伴们一起造福更多民众。

农鼎慧董事长田锐先生上台致辞

随后,江苏鲜鼎慧董事长瞿爱华上台致辞时表示,今日品鉴会的成功举办,也标志着农鼎慧生鲜全产业链安全闭环在江苏地区成功打响,未来江苏鲜鼎慧全体员工将结合江苏本地地域情况,将生鲜全产业链安全闭环和社区商业生态更好地落地运营发展。

江苏鲜鼎慧董事长瞿爱华

其后，大家一起品尝了中餐机器人炒制的菜品，均表示无论是从品相和口味上来看，都堪比大厨水准。

紧接着，农鼎慧赋能中心郑重先生上台向大家介绍了农鼎慧社区商业生态的基本情况、以及江苏鲜鼎慧南后期发展规划，也让大家对江苏鲜鼎慧的未来发展有了更清晰的认知。

在会议的尾声，大家言笑晏晏，彼此间交换对食品安全以及农鼎慧生鲜全产业链安全闭环等相关话题交流探讨。

当前，江苏鲜鼎慧各项工作稳步进行，相信此次品鉴会之后，农鼎慧生鲜全产业链安全闭环在江苏地区将会被更多人熟知，同时也可以服务好更多本地居民。

7.2.2 江苏鲜鼎慧第二轮中餐机器人品鉴会

2023年以来，农鼎慧生鲜全产业链安全闭环理念的社会关注度火爆攀升。近日，农鼎慧江苏地区城市合作伙伴——江苏鲜鼎慧又有了令人瞩目的新动作和新发展。

继9月9日江苏鲜鼎慧第一轮中餐机器人品鉴会落幕之后不久，应江苏地区餐饮行业朋友盛情邀约，江苏鲜鼎慧第二轮中餐机器人品鉴会于 2023 年 9 月 18 日在南京再次成功举办。

会议开场的暖场视频拉开了品鉴会的帷幕，也让新关注农鼎慧、鲜鼎慧的朋友对生鲜全产业链安全闭环和社区商业生态有了更加立体的认识，品鉴会也随即正式开始。

江苏鲜鼎慧董事长瞿爱华先生首先上台，感谢大家对江苏鲜鼎慧的关心与支持，并对江苏鲜鼎慧的商业生态规划与行业发展机会进行分享。

瞿爱华先生

其后，湖北农鼎慧科技有限公司赋能中心郑重先生上台，对农鼎慧事业进行了更为全面、清晰的介绍，帮助与会嘉宾对农鼎慧事业理解得更加透彻明朗。

接下来，鲜鼎慧工作人员给大家进行了中餐机器人工作演示，便捷的操作体验、品相口感上佳等优势获得了参会嘉宾的一致好评。

鲜鼎慧工作人员给大家进行中餐机器人工作演示

很多参会嘉宾慕名而来想要加入农鼎慧，江苏鲜鼎慧总经理陈永胜先生特意对江苏鲜鼎慧合作模式进行分析供大家参考，让大家对农鼎慧的运营理念更加清晰。

农鼎慧每一次聚会，都是一次彼此间思想的交流和碰撞。

农鼎慧副总经理周凯先生

其后，现场嘉宾轻松愉悦地交流着对食安问题和农鼎慧事业未来发展的看法。大家坚信在农鼎慧生鲜全产业链安全闭环的支撑和南京城市合伙人本地化能力的助力下，一定能造福更多江苏市民，与合作伙伴共享食安红利。

7.2.3 江苏鲜鼎慧旗下首家机器人餐厅开业

2023年10月23日，南京市迎来了一场美食革新，随着江苏鲜鼎慧旗下的香小锅机器人餐厅盛大开业，智能餐饮正式登陆南京，为市民和游客带来前所未有的用餐体验。

香小锅机器人餐厅开业

香小锅机器人餐厅是江苏鲜鼎慧全新餐饮模式的杰出代表，也是首家引入中餐机器人技术的餐厅。通过高效、精准的机器人操作，这家餐厅不仅能够在短短几分钟内为客人烹制出一道美味可口的五星级菜肴，还提供了独特的用餐体验。这标志着南京餐饮业正式进入了智能化时代。

餐厅内，机器人们熟练地搅拌、翻炒、调味，毫不费力地完成每一道菜的烹饪，宛如美食魔术师。顾客可以通过简单的步骤，轻松地点菜、付款，然后在短短几分钟内享受到美味可口的佳肴，无需过多等待，让用餐变得更加高效和便捷。

香小锅机器人餐厅不仅仅是智能餐饮的代表，它还代表了鲜鼎慧公司的使命。公司的愿景是确保食品从源头到餐桌的每一环都经得起检验，为每一位顾客提供安全可靠的美食。公司董事长瞿爱华表示："我们不只是一家公司，更是一群人，我们秉承着'共商、共投、共享'的精神，为守护14亿人的餐桌安全而努力奋斗！"

南京首家香小锅机器人餐厅的开业吸引了众多市民前来品鉴，现场座无虚席。不仅如此，鲜鼎慧公司还宣布将与社区养老中心合作，建立香小锅社区大食堂，致力于成为一家"10元吃好"的餐厅，真正为社区老百姓提供更多的餐饮选择，同时为残疾创业者和社区居民提供大量的就业机会。

这个令人兴奋的时刻，不仅标志着南京的智能餐饮产业的崭露头角，更为南京市民带来了更加便捷和多元的餐饮选择。江苏鲜鼎慧公司承诺，将继续引领餐饮行业的发展，为消费者带来更多令人惊喜的创新体验。

南京首家香小锅机器人餐厅的开业是智能餐饮行业的一个重要里程碑，同时也是对创新、科技和品质的致敬。南京市民今后可以尽情享受美食的乐趣，也迈入了一个智能餐饮新时代。

7.2.4　江苏鲜鼎慧携手残疾人启动自理能力训练项目

2023年10月23日，南京市鼓楼区铁路北街80号南京市博爱残疾人之家主办的"博爱残疾人之家学员自理能力训练项目——香小锅"正式启动。此次活动由江苏都仕财商俱乐部、南京市博爱残疾人之家、鲜鼎慧、南京鲍童馨科技有限公司联合主办。

博爱残疾人之家学员自理能力训练项目——香小锅

恰逢重阳节，"博爱残疾人之家学员自理能力训练项目——香小锅"也为"坤多宝"群内的老年人准备了免费试吃菜肴，为群内的老年人举办了一次有意义的重阳节活动，大家不仅体验到了香小锅的美食，还了解了博爱残疾人之家学员的平时生活和训练情况，让大家看到了学员们努力生活、积极向上的模样，也让学员们提升了自己的自信心。

11时18分，由江苏都仕财商俱乐部宋会长、博爱残疾人之家张主任，自主创业的肢体障碍者鲍启凡共同为此次训练项目按下了开机键，"博爱残疾人之家学员自理能力训练项目——香小锅"正式启动，为博爱残疾人之家的学员们开启了新的生活自理能力训练。

智能机器人炒菜业态的推出，为辅助残疾人就业增添了新动能，是江苏都仕财商俱乐部、江苏顺德缘文化科技股份有限公司等爱心企业携手南京博爱残疾人之家共同探索可持续发展的助善体系的又一创新。突出特长，智能科技助力，体系化保障辅助性就业的健康发展。

7.2.5　沈阳城市合伙人支持中心落地发布会隆重举办

食品安全事关千家万户，是人民幸福生活的基石，为早日实现"守护十五亿人餐桌安全"的愿景，作为湖北省高新技术企业杰出代表——湖北农鼎慧科技有限公司打造的生鲜全产业链安全闭环在全国落地再提速。

9月16日，农鼎慧北方中心启动暨沈阳城市合伙人支持中心落地发布会在沈阳隆重举办，标志着农鼎慧的生态布局翻开崭新的篇章。

农鼎慧北方中心启动仪式

许多参会嘉宾表示，对于农鼎慧进驻北方市场期待已久，希望农鼎慧的生鲜全产业链安全闭环落地以后，让新鲜美味也能便捷高效地走进每个家庭的餐桌。

农鼎慧董事长兼创始人田锐先生上台发言，经过三年时间，农鼎慧生态版图以中部武汉为原点，向南延伸到深圳，到今天的沈阳，跨越中国版图近3 000公里，农鼎慧将与沈阳城市合伙人紧密合作，旨在确保生鲜全产业链安全闭环为当地居民提供便捷和健康的餐饮体验。

田锐先生

其后,与会者观看了庆典祝贺视频和农鼎慧企业宣传片,更加清晰地了解了农鼎慧的组织架构、生态理念和未来发展方向,也对"放心菜、放心买、超便捷"的客户价值主张更加坚定。

接下来,沈阳地区城市合伙人葛冠辰先生上台分享了他对农鼎慧事业的深度理解,希望在沈阳落地生鲜全产业链安全闭环能够造福更多的沈阳市民。

葛冠辰先生

实现生鲜全产业链安全闭环需要整合当地资源，以确保安全高效的运营。因此，庆典中的城市合伙人、市场合伙人、生鲜供应链工厂等签约仪式，自然成为本次会议的重要环节，也预示着闭环真正得以落地。

市场合伙人签约仪式

其后，具有重要意义的沈阳城市合伙人授牌、北方中心授牌以及农鼎慧北方中心启动仪式，标志着农鼎慧北方生态布局正式起航。

沈阳城市合伙人授牌仪式

农鼎慧北方中心启动仪式

生鲜全产业链安全闭环的目标不仅仅是为餐馆和社区食堂提供闭环服务，更是让千家万户都能实现"放心菜、放心买，超便捷"的生活体验。为此，农鼎慧携手肴滚智慧大厨联合研发的家用版中餐机器人也正式亮相，标志着农鼎慧C端生态闭环将在不久后实现让新鲜美味走进千家万户餐桌的愿望。

与会嘉宾互相交流关于食品安全和农鼎慧事业的见解、思考和感悟。众人坚信，凭借农鼎慧三年生鲜全产业链安全闭环的宝贵经验，可加上与城市合伙人的通力合作，必将更加有力地守护沈阳居民的食品安全，让"守护十五亿人餐桌安全"愿景早日实现。

7.3 农鼎慧中餐机器人实现多元发展

7.3.1 中餐机器人烹出家乡味

身在异国他乡也能吃上可口的"家乡菜"，这对很多人来说，是一件奢侈的事。

在现实生活中，每一种美食的独特味道都源于其特殊的烹饪方法和食材。然而，由于不同地区的人们对于口味有着不同的偏好，因此即便是同样的菜肴，在不同的地方也会有着不同的做法。

但农鼎慧的中餐机器人让这一奢望变得唾手可得。

农鼎慧中餐机器人的出现，不仅简化了烹饪过程，还能根据本地口味进行制作，让身居外地的人们也能品尝到家乡的味道。

农鼎慧中餐机器人可以通过与本地人合作，深度复制本地的烹饪程序，进行数字转化，然后把这个数据永久保存到程序中。当你在外想品尝家乡的味道时，只要扫描二维码，炒出来的味道就很标准地道，在任何地点都能享受到定制化的美食体验。

炝锅、下料、调味等炒菜"十八般武艺"一一编进电脑程序，上千道炒菜秘笈，都被录入后台大数据，想吃"妈妈味"的辣椒炒肉？不难，轻轻一按键，两分钟出锅。

随着人口流动和旅游业的不断发展，越来越多的人会在外地生活或旅游。通过与本地合作伙伴的合作，中餐机器人可以将本地特色菜品引入外地市场，让在外地的人们也能品尝到家乡的味道。

农鼎慧还将与当地的餐饮企业、酒店或食品供应商合作，将中餐机器人引入外地市场，为当地消费者提供正宗的家乡美食。通过在外地推广和销售本地特色菜品这种方式，可以扩大本地餐饮品牌的影响力，促进地方经济的发展，实现双赢。

未来，农鼎慧的中餐机器人还将走出国门。在国外，除了喜欢"中国菜"的中国留学生、游客、华人，还有很多当地人。"中国菜"在国外越来越受欢迎，但是国外很难招聘到有经验的中国厨师。能炒出中国味的农鼎慧中餐机器人到了国外，相信会大有作为。而且，它自带油烟处理功能，绿色环保。这些都是外国公司愿意花大价钱下单的原因。

农鼎慧中餐机器人的出现为在外地的人们提供了品尝家乡味道的机会，同时也为本地餐饮业的发展带来了新的机遇和挑战。未来，随着技术的不断进步和市场需求的不断变化，我们有理由相信，农鼎慧中餐机器人在烹饪领域将会发挥更加重要的作用。

7.3.2 中餐机器人助力食堂降本增效

食堂是员工、学生等人群聚集性场所，那么农鼎慧中餐机器人和团餐机完全有机会与食堂合作，都能给彼此带来巨大的好处。

健康和安全是食堂的两个核心命脉，两者缺一不可。

农鼎慧创新打造的生鲜食品全产业链安全闭环主打的就是安全和健康，通过以下几点来体现：

1. 菜品在菜盒工厂通过净化洗切配，封装成鲜制菜盒后，全程冷链运输，到炒制结束，食材全程无人接触；

2. 农鼎慧采用全料鲜制菜盒，配料齐全，保质期只有三到五天，保障食品营养的同时不需要添加任何防腐剂；

3. 菜盒会通过深度去除农药残留，并且在菜盒工厂统检，而平时在农贸市场买的菜只是进行农残抽检，所以农鼎慧的菜盒更加安全。

人工成本也是食堂需要考虑的重要因素之一。农鼎慧的中餐机器人操作非常简单，只需要三步：扫码、挂菜盒、启动。一般一个人可以操作四台机器人，一个菜也只需要五分钟，也就是说一个人五分钟可以炒好四个菜，整个炒制过程中，全程洗菜不沾手，切菜不沾手，炒菜不沾手，十分方便省心。

农鼎慧自创立以来，一直以食品安全为重要考量，中餐机器人在食堂的落地，为两者创造了双赢的好机会。

1. 提高食堂服务质量和效率

中餐机器人可以根据预设的菜谱和烹饪程序自动化完成烹饪过

中餐机器人

程,减少了人工操作,提高了烹饪效率。由于机器的精确性和稳定性,可以确保菜肴的口感和质量更加稳定,提高食堂的服务质量。中餐机器人还可以提供 24 小时的服务,满足员工在不同时间段的需求。

2. 降低食堂运营成本和风险

使用中餐机器人可以降低食堂的人力成本,因为中餐机器人可以自动化完成烹饪过程,减少了人工操作和人力成本。由于机器的稳定性和精确性,也可以减少因人为操作失误或食品质量问题而引起的风险,降低食堂的损失和风险。

3. 创新食堂运营模式和增加收益

通过与食堂合作,可以将中餐机器人作为特色服务项目引入食堂,创新食堂的运营模式。还可以利用中餐机器人的技术优势,开发新的菜品和餐饮服务项目,提高菜品的多样性,让客户能吃到更加丰富的美食。

4. 促进公司业务拓展和合作

将公司研制的中餐机器人放在食堂，可以吸引更多的员工和客户关注公司的产品和服务。这有助于扩大公司的知名度和影响力，促进公司业务的拓展和合作。

5. 增强公司的社会责任感和影响力

中餐机器人放在食堂，可以向员工和社会展示公司对环保、健康和创新的关注和追求。作为先进的科技设备，不仅可以减少人工操作和人力成本，降低能源消耗和环境污染，还可以确保菜肴的质量和口感更加稳定，提高员工的健康水平和生活质量。这些都有助于增强公司的社会责任感和影响力，提高公司的声誉和形象。

中餐机器人的应用场景非常广，食堂类型有很多，如写字楼食堂、医院食堂、机关职工食堂、中小学食堂、各类会所、棋牌室等，目前农鼎慧在武汉地区运营落地的有东亭社区食堂、风度柏林物业食堂、无忧茶坊等，它们都在使用我们的中餐机器人。

7.3.3 中餐机器人助力连锁餐厅规模化复制

对餐饮业而言，房租、原材料、人工一直是成本的"三座大山"。且行业普遍认为，餐饮成本结构呈现"343"的规律，即房租、原材料、人工的成本占比分别占到30%、40%和30%。

此外，调研数据显示，自2020年起，人工成本成为了餐饮"三座大山"中增速最快的一项，这也是掣肘餐饮企业连锁发展的主要原因之一。

人力成本居高不下，已经成为拉低企业纯利润的最大原因。与此同时，餐饮业人员紧缺、人才流失严重等问题也越来越突出。

餐饮属于劳动密集型行业，各项生产经营活动对人的依赖程度都非常高。尤其是在食堂运营终端，择、洗、切、炒等环节需要依赖厨师、杂工等多名员工。

但近年来，伴随着中国人口红利逐渐丧失，餐饮业时常面临"招工难、用工荒"的窘境，"月薪上万元招聘厨师"的信息比比皆是。尽管一些餐饮店已经明显提高了后厨员工的工资待遇水平，但餐饮用工焦虑依然存在。根据中国餐饮行业协会的数据，未来 5 年，中国厨师需求总量缺口将高达 400 多万。

可以预见，在多重因素影响下，未来餐饮业的用工缺口会越来越大，餐企的人力成本也会持续攀升。

如上所说，对于万千餐饮企业而言，解决用工难题、实现降本增效已刻不容缓。

农鼎慧中餐机器人的出现，必将为这些难题提供新的解决方案。

和人工不同，中餐机器人不用 5 分钟就炒制出一道大菜，出品的口味与餐厅厨师炒制的几乎无差。最重要的是，机器人不会累，能够全天候运作，带来更高的工作效率。

连锁餐厅人工成本高已成为拉低企业纯利润的最大原因

农鼎慧中餐机器人可以与连锁餐厅进行广泛合作，节约人工成本。炒菜机能够自动完成烹饪过程，相比传统的手工炒菜，能够提高烹饪效率。对于快餐连锁餐厅等高流量场所，炒菜机能够快速处理大量订单，缩短等候时间，提升服务效率。

中餐机器人的自动化操作不仅能减少人工需求，降低人力成本和培训成本，还可以减少食材浪费和调料的过量使用，降低成本开支。即便是酒店的保安或者其他非厨师岗位的工作人员，只需将食材用料放到投料篮，选择机器面板上的菜谱，就可以自动执行烹饪流程，做出一道道美味可口的菜肴。

相对于传统油烟模式，中餐机器人采用封闭式烹饪，能够减少油烟和异味的外溢，创造一个更清洁的烹饪环境。同时，中餐机器人的自动化操作减少了人为因素对食品卫生的影响，提高了食品安全性。

对于农鼎慧来说，中餐机器人在连锁餐厅的使用过程中会生成大量的数据，包括菜品的销售量、顾客的口味偏好、食材的使用情况等。这些数据对于餐厅的运营决策和优化菜品具有重要意义。同时，公司可以利用这些数据进一步优化中餐机器人的设计和功能，提高产品的实用性和市场竞争力。

目前，中餐机器人的需求量非常大，光武汉市就有1 400多个社区、14 000多个餐厅，潜在需求量就是三五万台，并且农鼎慧已经与武汉餐饮协会、团餐协会以及社区食堂运营机构都签订了合作协议，意向需求量已超过1万台，现阶段我们已经完成了通往B端商户的闭环，随着我们城市合伙人全国布局的展开，机器部署需求也会急速上升，南京的香小锅连锁餐饮品牌计划铺设300家机器人店铺，而沈阳的社区食堂和外卖平台在菜品本地化研发之后还会有60多个店铺落地，当这些机器人餐厅全部铺设落地后，将会带来每天超30多万的菜盒销量，年营收达10多亿元。

中餐机器人在餐厅使用，可以为餐厅降低综合运营成本60%以上，可以帮助餐厅和餐饮从业者大大降低成本，提升经营效益，这将带来一场餐饮界的革命。

基于以上优势，农鼎慧中餐机器人也可以在团餐市场分一杯羹。

据国家统计局数据显示，2019年我国餐饮行业市场规模已达到4.67万亿元，其中，团餐占据了30%的市场份额，并且年均复合增长在20%以上。

团餐的特点是需求刚性、高频，顾客数量基本稳定，对菜肴品质的要求不高，但对烹饪效率、时间和食品安全要求较高。这与农鼎慧研发的炒菜机器人的优势不谋而合。

炒菜机器人，可以在较短的集中时间段内，满足大量顾客的就餐需求，比起传统烹饪来说大大提升了效率。对于学校、部队、厂矿、机关、医院、会议等集中就餐场景，是一个绝佳的选择。

一旦农鼎慧的炒菜机器人进入团餐市场，并且占据一定的市场份额，即使分很小的一块蛋糕，也能为公司带来丰厚的收益，同时也大大扩大了市场占有率。

团餐公司的生产规模较大，对于效率和品质的要求也非常高。公司的炒菜机器人可以通过自动化和智能化的操作，提高生产效率，减少人工操作和人为因素对生产过程的影响。同时，由于机器的精确性和稳定性，可以确保菜肴的品质更加稳定和可靠，满足团餐公司对于品质的要求。这不仅可以提高公司的竞争力，也可以为团餐公司提供更加优质的产品和服务。

中餐机器人加速走进各大餐饮店后厨，一场降本增效、利用中餐机器人实现数智化、全面升级的新风正扑面而来。随着科技对餐饮业赋能的普及，在社会需求、技术进步、政策等多重因素的叠加作用下，中餐机器人市场将迎来爆发。

中餐机器人可能会是提升中国餐饮连锁率的"利器"，能够使餐饮品牌更轻松地提高连锁率，实现规模化复制。

7.4　农鼎慧开启生鲜预制菜 3.0 时代

以前沿技术解决生鲜问题，让预制菜走进 3.0 时代

随着现代化生活节奏的加快，越来越多的人开始注重健康饮食，而预制菜作为一种方便快捷的食品，逐渐成为人们日常饮食中不可或缺的一部分，而国家的大力扶持也成为了这个行业的重要推动力。

国家对预制菜行业的扶持主要体现在诸多方面。国家加大了对预制菜行业的政策支持，通过出台税收减免、财政补贴等多项措施，鼓励企业投资生产线、开展技术研发。国家加强了对预制菜行业的监管力度，加强了对生产企业的质量监控，确保预制菜的安全卫生。国家还积极推动预制菜行业的标准化、规范化发展，提高了整个行业的生产水平和品质水平。在国家的大力扶持下，预制菜行业得到了快速发展。越来越多的企业开始投入到预制菜的生产中，不断推陈出新，研发出更加符合市场需求的产品。预制菜的市场份额也在不断扩大，成为了众多消费者的首选。预制菜行业得到国家的大力扶持，不仅推动了整个行业的发展，也为广大消费者提供了更加便捷、健康的饮食选择。

预制菜市场的快速发展为农鼎慧提供了更多的商机。农鼎慧研发的中餐机器人符合国家发展预制菜的政策导向，可以获得政府在资金、技术、人才等方面的支持。这些支持可以帮助公司加快研发进程，提高产品性能和质量，增强市场竞争力。同时，政府支持还可以为公司带来更多的合作伙伴和资源，拓展业务渠道和市场空间。

中餐机器人的自动化和智能化操作可以提高生产效率，降低成本，提高菜品品质和口感，满足消费者对于健康、便捷和美味的需求。这将有助于增加公司的销售额和市场份额，提高公司的经济效

益和市场竞争力。

预制菜政策的推广有助于促进产业升级和可持续发展。研制中餐机器人可以推动餐饮行业的自动化和智能化发展，提高整个行业的科技水平和竞争力。同时，采用预制菜可以减少餐饮业的浪费和污染，提高资源利用效率，有利于环保和可持续发展。这有助于公司在行业内树立良好的社会形象，增强公司的可持续发展的能力。

目前市场上的预制菜良莠不齐，市场上的预制菜一般是"三预食品"，即食材预选、食物预制、产品预包。近年来，由于预制菜发展速度较快，产业链较长，部分预制菜产品缺少生态冷链与物流环节，为了产品保鲜和口感，加工过程中会使用过量的油、盐和其他添加剂，给食品安全带来了隐患。

而这正体现了农鼎慧的巨大优势，与市场上的预制菜不同，农鼎慧的每一个环节都认真考量健康安全，让客户既吃的方便又吃的安全。

经过多流程清洗干净的农鼎慧全料鲜制菜盒

农鼎慧的3大步骤成就了客户的安心与放心。

1. 全冷链运输，无接触配送

菜品由田头采摘送往田头工厂初加工，在净菜工厂通过净化洗切配，封装成鲜制菜盒后，全程冷链运输，直至炒制结束，食材全程无人接触。

2. 不加防腐剂，保质更保鲜

全料鲜制菜盒，配料齐全，保质期只有三到五天，保障食品营养的同时不添加任何防腐剂，安全等级提升。

3. 深度去农残，统一监督检查

菜盒在净菜工厂制作，有深度去除农残的处理过程，并且进行统检，相较于农贸市场的农残抽检，菜盒更安全。

农鼎慧的中餐机器人响应国家大力发展预制菜的政策，积极拓展市场范围，提高生产效率，提升品牌形象和技术水平以及促进产业升级和可持续发展等。因此，目前国家政策对于农鼎慧理念的落地是一个不可多得的大好机遇。

第 8 章

发展跃迁：
领先一步的敏捷上市

随着农鼎慧快速发展的需要，农鼎慧会通过上市方式引入社会资本，加速农鼎慧全国一万家智慧菜场建设，同时，农鼎慧上市，也彰显着资本市场对农鼎慧社区商业生态模式的认可，也是对长期以来跟随农鼎慧的合作伙伴、城市合伙人等的回报和综合反馈。

8.1 智慧农贸的双重属性与上市动力

其实，早在农鼎慧创业阶段才四五人的小团队时期，农鼎慧就确定了未来上市的构想，经历几年摸索前行，农鼎慧创始团队最终确定将智慧农贸作为未来终身从事的事业，因为，智慧农贸项目天然具有非常重要的多重属性和上市动力。

第一个属性是政府属性，就是智慧农贸项目既要靠政府，又要靠市场，单纯靠政府或单纯靠市场都无法完成。必须把政府和市场结合在一起，才可能把智慧农贸事业做好，才可能把我们的社区商业生态做好。所以说，正是我们基于这样的一个理念和判断，我们才设计了一个完整架构，这就需要我们吸纳非常多的合作伙伴，一起来建设这个智慧农贸平台。

农鼎慧上市的首要目的就是要建立产业联盟，只有上市以后，农鼎慧才能获得更高的社会公信力，从而帮助农鼎慧吸纳各级社会资源，加速推动农鼎慧生鲜全产业链安全闭环落地和社区商业生态构建。

第二个属性是市场属性，此前我们已提过政府计划在未来几年完成智慧菜场提档升级的全国规划，那么，如果我们农鼎慧要建设一个全国社区性的商业生态，最好是以省级单位开展，获得省级政府支持，这将会加速全国一万家智慧菜场落地。

那么，在我们获得上市公司身份之后，就更容易吸引到广泛的市场化外部资金，一起参与到社区商业生态建设中来，并且将管理后台开放给政府，农鼎慧只需要参与运营获得相应的运营收入即可，我们相信农鼎慧如果以充足实力和源源不断的资本市场资金作为保障，那么，政府也会大力支撑农鼎慧社区商业生态全国落地。

第三个方面是团队长期发展的需要，构成农鼎慧的又一个上市动力。大家知道，我们从创立到上市预计要花费四年时间，这四年当中，我们团队、城市合伙人等等各方面的合作伙伴都付出了巨大心血，所以说，上市也是对农鼎慧员工、合作伙伴的一种综合反馈，这也是对农鼎慧参与者负责，而且，也利于农鼎慧社区商业生态的后期建设和农鼎慧的长久收益。

8.2　社区商业生态三大基石

农鼎慧社区商业生态的三大基石是其成功的关键因素，这三大基石分别是：与客户之间的链接，通过农鼎慧智慧农贸平台实现对产品把控和品牌公信力建设。

与客户之间的链接是农鼎慧社区商业生态的基础。在这个生态系统中，客户是至关重要的因素，因为他们不仅是农鼎慧服务的对象，也是其收益的来源。农鼎慧选择以菜场作为与客户建立链接的抓手，这一选择非常明智。菜场是人们日常生活中必不可少的场所，它为人们提供了购买新鲜食材的平台，同时也为人们提供了一个社交的场所。通过菜场这个平台，农鼎慧能够更好地与客户建立联系，了解客户的需求和反馈，从而为客户提供更优质的服务。

鲜鼎慧上市路径签约发布会

农鼎慧智慧农贸平台是实现产品把控的重要工具。在农鼎慧的社区商业生态中，产品把控是非常关键的一环。农鼎慧通过智慧农贸平台，实现了对农产品供应链的全过程监控和管理。这个平台不仅提供了农产品的信息追溯功能，让消费者可以随时了解其所购买农产品的来源和品质信息，还可以通过数据分析和管理，对农产品供应链进行优化，提高了效率和质量。通过这个平台，农鼎慧能够更好地掌控产品质量，保证消费者权益，同时也能够提高自身的竞争力和品牌形象。

品牌公信力是农鼎慧社区商业生态的重要组成部分。品牌公信力是指企业在市场中的信誉和口碑，它是企业竞争力的重要体现。农鼎慧为了建立品牌公信力，采取了多种措施。一方面，农鼎慧通过提高产品质量和服务水平，赢得了消费者的信任和支持；另一方面，农鼎慧还积极参与社会公益事业和公共事务，为社会作出贡献。这些举措不仅提高了农鼎慧的品牌形象和市场认可度，也为其在政策支持方面累积了更多的优势。

农鼎慧社区商业生态的三大基石是其成功的关键因素，通过与客户建立紧密的链接、通过智慧农贸平台实现产品把控以及加强品牌公信力建设，农鼎慧打造了一个高效、安全、可靠的社区商业生态系统。这个系统不仅能够满足消费者的需求，提高其满意度和忠诚度，还能够为各方参与者带来更多的收益和发展机会。同时，农鼎慧的成功也给其他企业提供了启示和借鉴，即只有紧紧围绕客户需求、把控产品质量以及加强品牌建设，才能在市场竞争中立于不败之地。

8.3 农鼎慧凭什么上市？

近几年，随着国家对数据信息监管的加强，上市公司准入门槛也同步提升，尤其对于境外上市审核力度持续趋严。在此环境下，农鼎慧上市底气何在？

熟悉农鼎慧公司的朋友知道，农鼎慧在深圳设立的鲜鼎慧公司主营业务为中餐机器人和鲜制菜盒，当农鼎慧拥有100万客户数据时，将对应拥有200亿元销售体量，如果农鼎慧掌握了100万餐厅销售数据，农鼎慧将是一个2 000亿元销售额的上市公司。因为上市的基础逻辑就是业务达到一定规模，且业务具有可持续的增长特性。

这需要农鼎慧完成机器人实现四五亿元营收，也就是四五亿元的招商收入。此外，更为重要的是，农鼎慧鲜制菜盒业务是生生不息的事业，只要吃饭，就有钱赚！只要大家每天都在吃饭，农鼎慧菜盒就有销售，一年菜盒收益也将达两亿元。其次，还有农鼎慧智慧菜场，所有的项目只要在智慧菜场里面发酵和孵化，就能迅速地做到过亿元的体量，这也能推动农鼎慧体系的持续发展。

农鼎慧是一家专注于智慧农贸领域的企业，通过多年的积累和发展，已经在该领域树立了良好的品牌形象和市场份额。其主营业务包括智慧农贸平台、中餐机器人和鲜制菜盒等。

农鼎慧的智慧农贸平台是其核心业务之一。该平台通过数字化和智能化的手段，为农贸市场、商户和消费者提供全方位的服务，包括交易、结算、支付、营销等。通过该平台，农鼎慧不仅提高了农贸市场的运营效率和服务质量，也为商户和消费者提供了更加便捷和高效的交易体验。这种模式具有较好的市场前景和商业潜力，也为农鼎慧未来的发展奠定了坚实的基础。

农鼎慧的中餐机器人也是其重要的业务之一。中餐机器人是一种新型的餐饮设备，可以通过程序控制和自动化操作，完成中餐制作的全过程。该设备不仅可以提高餐饮行业的效率和服务质量，也可以为消费者提供更加便捷和多样化的餐饮选择。同时，中餐机器人的研发和生产也符合国家对于智能制造和科技创新的重点发展方向，具有较好的市场前景和商业潜力。

农鼎慧的鲜制菜盒业务也是其重要的业务之一。鲜制菜盒是一种以新鲜蔬菜和肉类等食材为主料制作的食品，具有方便快捷、健康营养等特点。该业务不仅满足了消费者对于健康饮食的需求，也符合国家食品产业的发展方向。同时，鲜制菜盒业务的开展也使得农鼎慧的业务链条更加完整和多元化。

农鼎慧之所以能够上市，主要是因为其主营业务具有较好的市场前景和商业潜力，同时也符合国家政策导向。农鼎慧还拥有较为完善的治理结构和运营体系，这能够保证其持续稳定的发展和经营。在上市后，农鼎慧将继续加强自身的研发和创新实力，不断推出更加优质的产品和服务，为消费者和市场提供更加全面和高效的解决方案。

纳斯达克（中国）金融中心总裁许斌

所以说，农鼎慧不仅仅只是以智慧菜场形式上市，还可以以中餐机器人、菜盒等形式独立上市，这可以打消大家对政策数据监管的顾忌。同时，当农鼎慧"占菜场、铺机器、卖菜盒"三个独立业务全部上市时，农鼎慧业务总体量将在此基础上增长上百倍，所以说，有足够体量的商业模式和可持续性增长潜力，这也是农鼎慧上市的内核所在。

8.4　上市后与投资人关系

上市对于农鼎慧来说，不仅是资本市场对农鼎慧业务模式的肯定，也是为农鼎慧长久发展提供持久动力。同时，对于农鼎慧的生态参与者，上市也是一个重要的里程碑，意味着他们能够从农鼎慧的发展中获得更多的回报。

对于初创团队来说，上市是对他们多年来坚守事业的最好回馈。当初，农鼎慧的初创团队选择投身于这个业务，是因为他们看到了农鼎慧所从事的事业的正确性和发展的长期性。现在，随着农鼎慧的上市，这些初创团队成员不仅可以从专业角度验证自己当初的决策是正确的，还可以从农鼎慧的发展中获得丰厚的回报。

对于投资者来说，上市也是他们获得权益回报的重要途径。投资者在参与农鼎慧的生态时，可能会获得农鼎慧社区商业生态中主体公司的股权或期权。随着农鼎慧平台的持续发展和壮大，这些投资者所获得的权益回报也会有所波动。但是，只要农鼎慧能够保持持续稳定的发展，投资者所获得的回报也会持续增加。

那么，农鼎慧如何确保兑现这些股权和期权呢？

农鼎慧需要保持稳定的发展。只有当农鼎慧的业务持续增长，才能够为投资者提供更多的回报。为了实现这个目标，农鼎慧需要继续专注于打造自己的核心竞争力，提升自己的市场地位和影响力。

农鼎慧需要建立完善的治理结构和管理体系。一个规范的治理结构和管理体系可以保障农鼎慧的稳定运营和发展，同时也可以保护投资者的权益。农鼎慧需要遵循相关法律法规和公司治理准则，建立健全的内部控制体系和风险管理机制，确保公司的运营和管理是规范和高效的。

农鼎慧需要与投资者保持良好的沟通和合作关系。一个良好的沟通和合作关系可以增强投资者对农鼎慧的信任和认可度，同时也可以促进农鼎慧与投资者之间的合作和发展。农鼎慧需要积极与投资者保持沟通，及时披露相关信息和风险，为投资者提供专业的服务和支持。

上市对于农鼎慧及其生态参与者来说都具有重要的意义。通过上市不仅可以为农鼎慧带来更多的发展机会和资金支持，同时也可以为投资者提供更多的回报和权益保障。而为了确保兑现这些股权和期权，农鼎慧需要保持稳定的发展，建立完善的治理结构和管理体系以及与投资者保持良好的沟通和合作关系。只有这样才能够实现共赢的目标，让所有参与者都能够从农鼎慧的发展中获得自己应得的回报和价值。

第 9 章

长期主义：
社区业务展开原则

2000年，我在邮政科学研究规划院有限公司集中培训时，在一个偶然的契机，我遇到非常敬重的赵子生院士，他告诉我一个非常重要理念——如果技术做到极致却没有获得广泛的市场，那技术价值就没有发挥出来，如果说技术方面无法做到极致，你可以选择在服务上面无限超越。这也是为什么我后面调整战略切入运营，这给予我创立农鼎慧给予重大的启发。

在农鼎慧创立过程中，我深刻体会到复合型技术和复合型人才的重要性，比如，当市面上出现某个热点时，很快就会涌现出相关的研究机构，但其实，学校里的相关专业老师对这些理论知识了然于胸，但没有与实际的社会运用相结合，这需要丰富的社会历练才能实现。

而农鼎慧是典型的系统与技术，"硬件+软件+服务"的系统组合，但要想做到相关技术服务资源融合是相当困难的，这样就导致农鼎慧没有太多参照物可以借鉴。当农鼎慧把这些事情做到了，并且取得了成果，这就成为了农鼎慧的核心竞争力。

9.1 农鼎慧长期发展理念——安全

此前，我们一直在说农鼎慧会持续发展，顺利上市，那么上市不是为了上市而上市，而是为了追求长期发展，所以说，上市只是农鼎慧的第一步。

农鼎慧长期发展必须遵循两个原则,首先是安全,只有保障产业发展安全,才能实现基业长青和可持续性发展。

虽然农鼎慧可以选择通过资本市场实现快速变现,但农鼎慧更想成为一个伟大的公司,做一件长期主义的事业,餐饮消费是个刚需,同时,我们要注意安全,农鼎慧抓住了商业模式的最核心机制——安全,这也是我们长期的运作点,你只要抓住安全并进行核心运营,你就能够持续地做下去。这不光是农鼎慧的追求,而且是每个个人的终极追求,也是大家的底层刚需,围绕安全去持续发展,农鼎慧将大有可为。

鲜鼎慧上市路径签约发布会

第二件事情是农鼎慧商业模式的安全。因为农鼎慧进行的是整条产业链的整合,而不是传统意义上的简单融合,简单地做个菜场之类的,而是产业链全部打通落地。包括农鼎慧现在的鲜制菜业务,每年一个菜场就能给农鼎慧贡献800万元的营收,而农鼎慧通过供应链整合,就能实现产业链整合,进而实现产业赋能增值,将这800

万元的营收进行流通增值整合，获得更高的收益。并且，当我们掌握下游供应链之后，就可以反向向上游整合蔬菜基地等，提升农鼎慧在整个产业链中的话语权。

第三件事情是农鼎慧事业实施过程中的安全。农鼎慧社区商业生态构建，需要各方力量参与和多方资源协调，比如：基地、工厂、菜场、产品等，都有相应的生产方和监管部门。尽管这些产业农鼎慧都可以通过投入资产进行运营，但鉴于不同行业的特殊性，农鼎慧要学会借力，进行资源整合，这就像手机厂商生产一部手机，手机上的每个零件并不都是它们自己生产，而是进行资源整合，农鼎慧社区商业生态建设亦是这个道理，如此，就可以保障事业实施过程中的安全。

9.2 三重信任关系塑造

最后一个是信任关系建立，在农鼎慧社区商业生态中，我们要构建公信力。

第一个事情是从农鼎慧角度来说，你要信任政府。因为，农鼎慧所打造的生鲜全产业链安全闭环和社区商业生态在实际落地过程中，离不开政府的监管，农鼎慧要主动拥抱监管，与政策同行，建立与政府的长期信任关系，为农鼎慧事业长期发展建立坚实的政策根基，并且，农鼎慧绝对相信政府要在五年内完成智慧菜场的升级改造计划，农鼎慧也会持续响应政策，拥抱政策，收获政策食安红利。

第二个事情是信任消费者，安全是民众的生存之欲，民众对于食品安全是天然的刚性需求，并且，对于安全有自己的判断，农鼎慧人坚持食安道路坚定不移，为"守护十五亿人餐桌安全"克服艰难困苦，满足消费者对食品安全的需求，获得民众的支持与信任。

第三个事情是信任我们的团队，农鼎慧核心团队发展至今，包括农鼎慧员工、城市合伙人、市场合伙人等，都在农鼎慧生态体系中贡献自己的力量，这就需要充分信任农鼎慧的团队，相互助力、高效协同各项工作和资源对接，互相学习，共同推动农鼎慧社区商业生态在全国加速发展。

最后一个是信任我们的产业，农鼎慧的目标和愿景，就是农鼎慧"守护十四亿人餐桌安全"。农鼎慧人充分信任这个产业，共同参与，使其内容丰满完善，帮助其取得他人的信任，助力农鼎慧公司长期发展。

综上所述，两个大的方面，一个是农鼎慧要基于安全开展工作，另一个是在我们生态体系中构建信任关系。那么要实现平台安全，农鼎慧要满足民生的安全需求、商业模式安全以及行动方案足够安全。

第 10 章

步步为盈:
社区商业平台本地化
建设开展顺序

众所周知，农鼎慧是依托全国城市合伙人、市场合伙人、农鼎慧十年数字社区沉淀，历时三年，完成生鲜全产业链安全闭环，最终要打造以一万家以智慧菜场为核心的社区商业生态体系，并且，具有高度分布式体系特征。

在农鼎慧生态落地的过程中，农鼎慧需要与志同道合的合作伙伴共同成长，齐心聚力、集中优势力量帮助农鼎慧实现"守护十四亿人餐桌安全"的愿景，这也是农鼎慧的初心。

当然，在本地生态建设过程中，有很多复杂情况需要处理，虽然，城市合伙人可以通过15天系统化培训，掌握农鼎慧的整套生态运营理念，但市场是不断变化的，城市合伙人需要持续学习，才能开展持续化运营工作。

当城市合伙人想要在当地进行生态布局时，城市合伙人首先要做的并不是去推销农鼎慧的菜盒、找餐厅老板铺设机器等，城市合伙人首先要找到一个合适的、有初步意向的人向其宣讲农鼎慧的相关理念，无论是从收益角度还是自身资源角度，经过宣讲后，使其认可农鼎慧理念，再利用自身资源与优势，找到能够生产菜盒的场所。如果当场合作伙伴想长期从事农鼎慧相关事业，最好就是利用自己的资源实现投入可控。这是因为农鼎慧非常注意自己的食品生产安全和给客户持续性的安全体验，像中央厨房、食品加工厂、净菜加工厂、预制菜工厂等都可以成为农鼎慧鲜制菜盒代工厂，这件事情完成后，才可能进行下一步的工作。

当然，本地合作伙伴也可以鉴于个人情况参与部分工作，例如招商等，但他同样需要帮助农鼎慧了解当地生态架构，是否具备相关代工厂完成进行菜盒封装？如果说在当地没有相关或类似的产业或场所，说明可能不适合发展预制菜和鲜制菜盒业务，即使在当地布局农鼎慧社区商业生态，可能民众接受度也比较低，这也不适合开展农鼎慧业务，所以说，这就需要对本地化资源进行调查研究。如果存在这样的市场，但当地合作伙伴没有找到，说明在开展农鼎慧工作的过程中也会存在不少困难。

如果说，当地合作伙伴能找到合适代工厂，接触到合作场地，说明合作伙伴在当地拥有一定资源，同时也说明，预制菜产业在当地具有发展潜力。这种情况下，合作伙伴就可以向农鼎慧申请相关运营支持进行建设。

其后，合作伙伴就可以在本地进行由三五人构成的核心团队的组建，并通过参加农鼎慧系统化培训，使整个团队了解掌握整个产业链流程，并对产业链理念高度认可，这份事业就可以持续进行开展了。

城市合伙人培训

在进行这些工作之后，城市合伙人要做出两个选择：

一个选择是你只做招商业务，与农鼎慧招商中心签订渠道合作协议，农鼎慧给予渠道招商工作支持、当地城市开拓补贴，以及餐厅资源、基地资源等都开放给招商合作伙伴，便于招商工作的开展。招商合作伙伴在此过程中，可以获得招商一次性收益，但也会根据招商合作伙伴业绩情况给予期权奖励。

另一个选择就是做城市合伙人，因为城市合伙人不仅要覆盖招商业务，还包括本地生态落地等工作，所以，城市合伙人也是农鼎慧公司的一部分，是农鼎慧公司当地生态的开拓者，也会和农鼎慧公司一起获得终身长远收益。

城市合伙人关系意向对接后，需要参加农鼎慧公司 15 天的系统化培训，包含公司组建、代工厂洽谈、员工招募等，帮助城市合伙人快速了解农鼎慧公司，掌握农鼎慧整套的运营理念。

其后，农鼎慧公司会给予三个月的时间进行当地本地生态建设，并且，农鼎慧会提供全套完整技术支持和运营支持，而城市合伙人在此过程中就要实现本地一些资源落地，比如：代工厂、菜场洽谈签约、政府关系维护等等，这样才能保障当地生态有序落地、长期发展。

当然，在当地生态建设过程中，合作伙伴生鲜全产业链安全闭环所涉及的场景体系需要满足农鼎慧的相关要求，这既有助于城市合伙人在本地工作开展，也有助于农鼎慧为城市合伙人提供更多支持，加速城市合伙人本地生态建设。

在农鼎慧生态体系建设过程中，农鼎慧始终坚持步步为营、稳扎稳打的工作原则，在社区商业生态的整体建设中，迈好每一步，而这也让农鼎慧社区商业生态取得卓越成绩。

10.1　强强联合：菜盒代工厂合作

2023年7月19日，深圳鲜鼎慧董事长田锐先生带领公司核心团队，到达了金鸣飞（广州）食品有限公司总部，与其达成了正式合作关系。

深圳鲜鼎慧核心团队与金鸣飞（广州）食品有限公司负责人商谈合作计划

接下来，金鸣飞（广州）食品有限公司将成为深圳鲜鼎慧在广州的中央厨房代工厂，运用先进的技术与设备，对食材进行去农残、去激素、杀菌深层净化，并进行切配、腌制、装盒、贴膜、封标、分单及配送等全流程，为深圳鲜鼎慧制作安全、新鲜、高品质的全料鲜制菜盒，成为公司中餐智能化供应链上强有力的一环。

据悉，金鸣飞（广州）食品有限公司生产加工经营场地4 800平方米，生产加工设备引进了国内最先进的自动化多功能设备：自动煮饭机、自动炒菜机、自动切菜机、自动洗菜机、自动洗碗机、自动分饭机等。公司已获得了 A 级食品许可认证及各种食品相关等级证书，能够为服务对象提供高品位、高质量的健康安全的营养食品。

金鸣飞（广州）食品有限公司干净整洁的工作车间

深圳鲜鼎慧十分重视战略合作伙伴的品牌实力与出品质量，此次与金鸣飞（广州）食品有限公司合作也是认可其在中央厨房领域积累的良好口碑，并且，双方都对打造安全卫生、营养健康的饮食环境有着高度共识。相信有了新的中央厨房代工厂助力，深圳鲜鼎慧中餐智能化供应链在广州的发展将会更加夯实。

10.2 凝聚团队向心力

一个企业的成功，离不开团队上下一心的努力。为了让团队更有凝聚力、协作力与行动力，湖北农鼎慧科技有限公司于 2023 年 2 月 25 日开展了"农桑把酒、鼎天画地、'慧'聚英杰"军事主题团建活动。

团建活动集体合影

上午9点,农鼎慧全体员工身着统一工作服,到达和平农庄拓展基地集结。在经过了分配宿舍、人员分班、总经理田锐讲话等环节后,团建活动正式开始。

军事化训练虽然艰辛,但十分考验人的意志力,同时也能让团队协作更有策略性、团队管理更有针对性,十分有助于平时的工作。

午餐休整过后,基地工作人员带领大家一起进行科学运动,增强体魄、强化体能,缓解日常劳累,一起迎接健康生活。

先后进行了绳圈力量、达·芬奇密码、不倒森林、摸石头过河、拔河五大拓展游戏,另外,还举行了定向越野赛、拔河比赛,大家的团队力量得到了进一步提升。大家一起出谋划策、群策群力,彼此间充满了信任。

拓展活动虽然十分辛苦,但大家觉得十分值得。在美味的自助烧烤与美妙的K歌声中,大家依旧精神饱满,充满了欢声笑语,团队感情得到了升华。

在基地度过了难忘的一晚后，农鼎慧全员整装返程回到公司总部，进行了公司内部规范化管理培训。有了军事主题团建活动的助力，大家的思维敏捷度、反应力等都有了显著提升，因此内部培训进行得非常顺利。

在最后的总结颁奖、合影留恋中，许多同事都十分感谢公司开展了此次团建活动，让他们有机会学习到了军事化训练的精髓，也让他们对工作有了不一样的认识、学习到了更多的方式方法，同时也增强了他们更加注重强身健体的健康生活的积极性。

此次团建活动促进了农鼎慧各团队之间的沟通与交流，同时提升了团队的协作力、凝聚力、执行力、竞争力，让大家更加熟悉和有默契，从而使农鼎慧这个大家庭更加团结。

10.3 深化沟通，促进了解

时隔一周，农鼎慧深圳总部——深圳鲜鼎慧科技有限公司开启了第三场智能中餐品鉴沙龙活动，多位老客户携亲朋好友前来参与，一起共享美味。

深圳鲜鼎慧工作人员准备了多道由中餐机器人与智能小龙虾烹饪机现场制作出的小龙虾、经典中餐等菜品，老客户们一边品尝一边向亲友介绍，从源头菜品保障、中央厨房深层净化、菜品营养搭配的全料鲜制菜盒，讲到机器人如何操作，才让做菜变得又快又安全。

大家一致认为食材非常新鲜，配合秘制佐料、酱料，味道更加美味。同时他们也认为，机器人的出品十分稳定，保留了中餐特有的锅气，对火候的掌握也恰到好处，能够在市面上大受欢迎并不意外。

客户品尝中餐机器人做的美食，不时啧啧称赞

在品鉴过后，深圳鲜鼎慧董事长田锐、总经理郭峰分别与嘉宾们进行了深入交流。新客户们对公司如何一步步发展、拥有哪些战略合作伙伴、进驻了哪些城市、成功走进了哪些生活场景、在深圳的发展情况、未来发展规划等方面有了详细的了解。

参与此次品鉴沙龙的多位老客户，是深圳鲜鼎慧第一轮投资的获利者，他们对鲜鼎慧生鲜全产业链安全闭环的业务体系十分熟悉与了解，并且，相信公司将会持续向好发展下去，所以，他们愿意邀请亲朋好友前来分享与见证云共享餐厅红利。

在亲眼所见并亲身体验，以及周围人用自身实例证明后，多位新客户毫不犹豫地加入了深圳鲜鼎慧团队，与董事长田锐正式签约，对未来充满期待，也相信公司不会辜负他们的期待！

鲜鼎慧：智慧虾厨签约仪式

接下来，深圳鲜鼎慧会再接再厉，让业务面铺展得更广，让更多投资人获益，一起分享财富蛋糕。同时，公司也期待新的城市合伙人、投资人加入，共赢更多商机。

10.4 实地考察，加强合作

2023年4月20日，是农鼎慧城市合伙人团队第一阶段HIIT培训的第四天。前三天的培训主要以理论知识及中餐机器人、智能小龙虾烹饪机、电子溯源秤现场演示操作为主,而第四天的培训,则是带领城市合伙人走进公司供应链合作基地,让大家从"源头"上更加深入地了解农鼎慧。

在有序组织下,一行人来到了大潭天宏农业基地进行参观考察。

武汉市大潭天宏农业发展有限公司是一家集蔬菜种植、贮运、销售为一体的农业公司,现有基地面积 340 余亩,其中连栋大棚近 10 亩,设施蔬菜大棚 100 亩、露地蔬菜 230 亩,年产品 2 000 吨左右,多次被评定并授予为全国科技示范户。其作为农鼎慧的长期战略合作伙伴,为农鼎慧提供安全、放心的新鲜蔬果,从源头保障食品安全。

农鼎慧城市合伙人一行参观了种植基地,在工作人员的讲解下,对绿色蔬菜生产有了更多了解。

随后,大家来到了心良源中央厨房进行参观考察。武汉心良源食品有限公司是亚太中慧集团新生活研发中心项目之一,公司拥有华中农业大学食品科技学院、湖北经济学院烹饪与营养系、新加坡根源集团新生活研发中心,以及心良源央厨研发部四支研发团队,为推动食品安全与行业健康发展而砥砺前行。

这里是农鼎慧全料鲜制菜盒的代工厂,生产过程食材全检,并采用国内领先、ISO3 项认证、CE 欧盟认证的高燃氧离子食材净化技术去农残、去激素、杀菌深层净化。

农鼎慧城市合伙人在参观中"大开眼界",见识到了最新的食安净化技术,看着每一个菜盒的装配过程,让他们更加放心,同时也对农鼎慧的事业更有信心。

大家还来到了农鼎慧升级改造后的青山钢花综合市场,并参观位于二楼的农鼎慧体验中心。在现场,大家看见了智慧大菜场的有序运营,见证了区块链、物联网、SAAS 等智能科技走进了

城市合伙人参观中央厨房

菜场，方便了每位居民的生活。而二楼的农鼎慧体验中心，中餐机器人、智能小龙虾烹饪机与全料鲜制菜盒搭配使用，能够为每位点单的客户快速炒制出安全美味的菜品，一切都让生活更加便捷。

在参观完后，大家回到总部进行头脑风暴，每个人都对农鼎慧有了不一样的新认识。大家畅所欲言，对未来发展及自身的业务规划更加清晰。

10.5 城市合伙人招募：携手同行，共享红利

2023年9月23日，由农鼎慧/鲜鼎慧在深圳南山区博林天瑞喜来登大酒店举办的"慧聚未来，民生产业数字化新经济论坛暨城市合伙人全国启动大会"圆满落幕，俊采星驰，高朋满座，守护食安的宏伟梦想，让嘉宾们踌躇满志。

500多位来自全国各地的产业相关领导、鲜鼎慧投资人、鲜鼎慧事业合伙人、民生产业链各个板块上的企业代表等齐聚一堂，也有

不少民生餐饮从业者，以及对鲜制菜、农业数字化转型感兴趣的企业与个人参与。

通过对农鼎慧过去三年成功经验的深入解读，嘉宾们围绕鲜鼎慧生鲜全产业链进行经验交流与资源对接，希望与农鼎慧/鲜鼎慧共同携手抢占农业二次工业化的发展红利，为守护全民餐桌安全添砖加瓦。

深圳团队成员为客户讲解全料鲜制菜盒

1）慧聚力量　感恩有你

为了实现宏伟目标，鲜鼎慧的发展理念是团结一切可以团结的力量，过去三年的蓬勃发展，离不开事业合伙人们的鼎力支持，以公司目标为中心，以公司发展为己任，他们是公司的贵人、同行者、更是最亲密的战友！

2）继往开来　砥砺前行

在农业二次工业化大潮席卷而来的今天，占尽天时、地利、人和的鲜鼎慧应运而生。"民以食为天，食以安为先"，团结一切可以团结的力量，聚星成炬，滴水成海。让我们一起走近鲜鼎慧，探知它筚路蓝缕、以启山林的昨天，展望它汇聚未来、开创时代的明天。

农鼎慧的应运而生，是农业二次工业化的大背景下的时代产物，国家的乡村振兴、智慧菜场的改造需求，预制菜产业园以及中餐机器人的兴起，让农鼎慧的全生鲜产业链的打造得以实现。

我们正在建设的是一条数字助农高速公路，把健康的生鲜直接从田间地头以最快捷的方式送到消费者的餐桌。

数字化平台的统一，让我们可以收集到生鲜产业链各个环节的一手大数据资料；物联网数据的采集标准化，让管理体系更加科学。

田锐表示：据不完全统计，50万亿元产值的数字经济已经占GDP的40%，农业数字化将开启这个时代最大的红利。

在武汉市相关部门的大力支持下，农鼎慧正在率先制定《机制鲜制菜盒质量控制标准》等行业标准，确保全产业链标准先行。

鲜鼎慧未来三年的主要规划就是构建出完整的社区商业生态模型，同时，在全国高效实现一万家智慧菜场。真正实现"守护十四亿人餐桌安全"的宏愿。

为了将农鼎慧这套智慧农贸改造的成熟方案推向全国，也为了让农鼎慧生鲜全产业链安全闭环在全国落地。鲜鼎慧启动武汉、深圳、沈阳三地联动，在全国范围内招募城市合伙人、市场合伙人，以及机器投资人等各个事业板块的合伙人。

运用数字科技助力农业，从中科院育苗、实验，到恒温种植，再到菜农早上4—6点封闭采摘。田里采摘的新鲜蔬菜，将在蔬菜基地集中进行初加工。

按照"一拣、二洗、三切"的标准顺序操作，用超声波科技对蔬菜进行清洗、深度去农残等工序，在源头上确保食品的安全性。

2020年农鼎慧响应政府号召，完美完成了菜场智慧化改造升级，以武汉钢花市场为样板，运用数字系统为市场和客户赋能，建立区块链溯源体系，为食品安全保驾护航。

大数据后台管理实现了市场日常管理标准化、用户经营规范化。数据分析节约了大量人力成本，解决了菜场日常矛盾焦点。

标准化的热加工间、封装车间、化验室、消毒区、降温区、风淋室等设备空间一应俱全，所有生鲜食材都运用高燃氧离子净化技术安全处理，深度去农残去激素达 99.6% 以上。

全程无接触冷链运输从田头到餐桌，用数字科技为食品安全赋能。真正做到了保障食品安全，为社区居民健康保驾护航。

从 2023 年 3 月认识农鼎慧/鲜鼎慧，到深入了解、高度认可鲜鼎慧事业，成为城市合伙人。9 月份在深圳盐田落地第一家鲜鼎慧智慧大厨餐厅——吾大厨。目标服务群体是出入海关的近 6 万名三餐得不到保障的货柜车司机。通过了解司机们的三餐需求，不但得到了积极的反馈而且生意非常火爆。

农鼎慧副总经理周凯先生为新加入的城市合伙人颁授奖牌

刘洁萍说道："非常感谢能遇到鲜鼎慧这样踏实的企业，以及务实笃行的董事长田锐，与鲜鼎慧结缘的半年，不但得到了超出预期的收入，也收获到了一群志同道合的伙伴。"

让自己可以为"守护十五亿人餐桌安全"大业尽绵薄之力。半年期间，眼见行业"黑马"破土而出，如雨后春笋般遍地开花，相信梦想、相信未来，一切皆可实现。

3）筑梦新时代　开启新征程

城市合伙人全国布局启动仪式

目前，鲜鼎慧正飞快地将业务板块向全国拓展：湖北的武汉、宜昌、十堰、安陆；辽宁的沈阳、大连；江苏南京；浙江杭州；安徽合肥；广东的深圳、东莞、广州。鲜鼎慧的种子正遍地开花。

盛世纵横集团东北大区负责人/农鼎慧沈阳城市合伙人葛冠辰

作为父亲，葛冠辰最初因为希望守护孩子的三餐安全，接触并认可鲜鼎慧事业，无人可用就身先士卒，一个月时间，鲜鼎慧北方中心便在沈阳落地。

虽然也会遇到各种困难，但是通过复制鲜鼎慧系统化的工作体系，智慧菜场改造推动落地等工作取得了突破性的进展。

未来的目标是希望以分布式思维拓展更多价值观一致的城市合伙人，携手把沈阳900万人口的生鲜产业链安全闭环搭建起来。

4）企业文化　根植于心

大会的最后，9位农鼎慧/鲜鼎慧伙伴代表，向我们展示了农鼎慧/鲜鼎慧的企业文化风貌：

9位农鼎慧/鲜鼎慧伙伴代表合影留念

我们的愿景是"守护十五亿人的餐桌安全"。我们的商道就是为了提升国人生活的幸福感。以务实笃行的态度来追随生生不息的事业，以主人翁的精神对待事业，用团队的力量去迎战困难。知行合一，笃行致远，一切为了实现"守护十五亿人餐桌安全"的宏伟目标。

5）未来已来

在过去的三年中，农鼎慧/鲜鼎慧一直不忘初心，踏实前行。心之所向奋力以往，不忘初心方得始终，"感谢"二字在"战友"与

"亲人"间显得过于苍白，未来，最好的表达就是带领所有事业合伙人们披荆斩棘、勇往直前，尽快实现大家守护食安的宏愿。

10.6　城市合伙人本地化落地

2023年9月26日，农鼎慧南京城市合伙人启动会暨江苏鲜鼎慧生鲜全产业链安全闭环发布会在南京盛大开幕。此次会议是农鼎慧落地江苏地区的进军宣言，对于推动南京地区食安行业革新与发展具有重大意义，也注定会在农鼎慧发展史上留下浓墨重彩的一笔。

1）回溯

在农鼎慧全国生态拓展过程中，城市合伙人、市场合伙人等社会各界人士不遗余力地贡献着自己的力量，助力农鼎慧社区商业生态以武汉为原点，辐射全国。

在会议开场阶段，农鼎慧公司特意准备了精心制作的企业宣传片，对于老朋友来说，是过去同心齐行岁月的重温；对于新加入的朋友来说，对农鼎慧有了更清楚的认知，或许现场嘉宾知晓农鼎慧的时间不尽相同，但他们都有一个相同目标——食安。

2）沉淀

对于大家的到来，农鼎慧创始人兼董事长田锐先生致辞表示，在过去三年时光里，农鼎慧人日以继夜、砥砺前行，依托自身十年数字社区沉淀，借农业二次工业化政策东风扬帆启航，打造出经得起政府、行业、居民、资本等各方检验的生鲜全产业链安全闭环，以技术与安全结合势必带动食安行业的餐饮界革命，为"守护十五亿人餐桌安全"迈出关键一步。

今日农鼎慧进驻南京地区，对于保障南京市民食品安全具有重大意义，未来农鼎慧将与南京地区城市合伙人继续通力合作，持续提高行业标准，夯实产业根基，为南京市民食安保驾护航。精心录制的团队贺语，让现场嘉宾深切地感受到农鼎慧人的专业素养和践行"守护十五亿人餐桌安全"高度责任感。

农鼎慧创始人兼董事长田锐先生致辞

3）启航

在农鼎慧副总经理周凯先生为南京城市合伙人进行授牌交接时，生鲜全产业链安全闭环的"火炬"也开始在南京大地雄雄燃起。

在众人热烈的掌声祝福和期待下，现场顺利完成种植基地签约仪式、生鲜供应链工厂签约仪式、农贸菜场签约仪式以及样板餐厅签约仪式，江苏鲜鼎慧生鲜全产业链安全闭环各环节全部打通成功落地，让南京市民实现"放心菜、放心买、超便捷"的餐饮革命在南京正式落地。

4）跃升

"心怀百姓，行必有人；情系苍生，事必有为"。十年前，农鼎慧扎根社区对老百姓所思所想了然于胸。三年前，农鼎慧以食品安全为导向，创新性地提出"守护十五亿人餐桌安全"的企业使命，并由此率先推出生鲜全产业链安全闭环，树立行业典范，站在风口前沿，驱动食安行业创新与发展。

目前，农鼎慧已完成由田头种植基地——田头工厂——净菜工厂——智慧菜场——智慧餐厅——中餐机器人 B 端消费场景闭环，并通过全国城市合伙人分布式体系将 B 端消费场景在全国加速拓展落地。同时，农鼎慧始终牢记"守护十四亿人餐桌安全"这一使命，让健康美食走进寻常百姓家，从而完成 C 端闭环，农鼎慧全新打造的家用版中餐机器人也在南京地区首次亮相，让参会嘉宾对其即将进入家庭产生浓厚兴趣和无尽的期许。

农鼎慧南京城市合伙人启动仪式

相信在此次会议后，农鼎慧创新食安理念将在江苏地区广为人知，让更多南京市民熟知更加安全健康美味就餐体验，也为江苏鲜鼎慧本地化发展腾飞助力。

10.7　招商运营体系培训赋能

近两年，农鼎慧业务发展如日中天，各项工作进展日新月异，为确保农鼎慧全员及时掌握公司最新动态，全员培训成为农鼎慧公司工作的重中之重。

农鼎慧董事长兼创始人田锐先生亲自为全员进行培训

2023年10月7—10日，主题名为"生态之路，精进HIIT，农鼎慧众志成城"的全员培训在农鼎慧武汉总部圆满收官。

在为期两轮总共四天的培训中，农鼎慧董事长田锐先生提醒全体员工，公司目前正处于高速发展阶段，如果稍有懈怠都有可能跟不上公司的发展步伐。他鼓励每位员工都要保持高度的自律和工作激情，完成每项任务，服务好每位客户。

在正式的培训学习环节中，董事长田锐先生向大家系统详细地介绍了农鼎慧招商体系和运营体系说明，让全体员工更深刻地理解公司的运营和招商工作，也有助于日后更好地服务客户和开展工作。

对于参训员工来说，对新鲜事物的学习接纳都需要进行消化理解。为帮助员工更好地理解掌握，培训的头脑风暴环节让大家的思路更加开阔，集众人之智更好地融合贯通。

诚然，一个平台在高速发展阶段，仍不忘留出宝贵时间加强员工培训学习，助力员工职业成长发展，足以看出企业对员工的高度责任感。全体员工以饱满的热情参与培训并顺利通过考核，足以说明农鼎慧团队是一支敢打敢拼、勇往直前的铁军。只因他们相信，农鼎慧致力"守护十五亿人餐桌安全"的伟大愿景一直在为他们提供源源不竭的动力。

10.8 自建菜盒工厂，完善体系

2023年8月11日，农鼎慧鲜制净菜工厂启动仪式举办，农鼎慧自筹自建鲜制净菜工厂正式投入使用，也预示着农鼎慧在以智慧菜场为核心的社区商业生态中迈出了重要一步。

腰鼓队表演结束后，农鼎慧策划部总监李芹女士进行开场致辞，她感谢大家的辛勤付出，感谢社会各界朋友对农鼎慧的关心与支持，并表示农鼎慧将继续探索，为保障食品安全而不懈努力。

农鼎慧总经理田锐先生表示，鲜制净菜工厂正式投入运营，在农鼎慧生鲜全产业链安全闭环体系中具有重要意义，这对于农鼎慧社区商业生态走向全国也是非常重要的一步，这也为农鼎慧成为鲜制净菜行业领军企业提供了强有力保障。

农鼎慧董事长田锐先生致辞

随后，农鼎慧生鲜事业部研发总监龚卫华表示，净菜工厂是连接田头基地到智慧菜场的重要一环，农鼎慧鲜制净菜工厂会严格按照食品安全标准进行净菜质检，这也为鲜制净菜行业树立了标准化样板并起到了行业示范作用。

随后，大家一起上台剪彩并释放礼花，共同庆贺这一喜悦的时刻。

最后，到场的农鼎慧公司领导、公司员工、城市合伙人，以及支持农鼎慧的各位新老朋友一起合影留念。

农鼎慧鲜制净菜工厂启动仪式

在大合影后，龚卫华先生带领众人参观鲜制净菜工厂，并换上无尘工作服参观净菜车间，让众人更加真实全面地了解农鼎慧的鲜制净菜工厂的工作环境。

龚总带领众人换上无尘工作服参观净菜车间

农鼎慧鲜制净菜工厂正式投入使用，这对于农鼎慧来说，是企业发展史上的一大步，对于农鼎慧走向全国来说，同样也具有参考意义。

10.9　数字助农引关注

2023 年 9 月 15 日，由黄陂区科协、中共黄陂区委宣传部联合主办的 2023 年黄陂区"全国科普日"活动启动仪式成功举办。武汉市科协党组成员、副主席郑华，黄陂区委副书记、政法委书记胡艺，区人大常委会副主任邬学敏，区政协副主席陈浩等领导出席活动。

作为数字助农特色标杆企业，农鼎慧与其长期战略合作伙伴——大潭天宏蔬菜基地，共同受邀出席此次活动。

活动现场，各行各业的特色企业纷纷亮相，其中大潭天宏作为黄陂区区级科普示范基地，一直致力于将科学与农业相结合，与本次活动主题高度契合，成为参加此次活动的明星企业。

农鼎慧打造的生鲜全产业链安全闭环，则是将绿色农业的成果呈现在大众面前，造福民生，自然也受到区里高度重视。

民众在现场一边观看"全料鲜制菜盒和中餐机器人"搭配使用炒制菜品，一边聆听农鼎慧工作人员的细致讲解，大家更为直观地了解到数字助农成功应用能产生的积极效果，并对健康饮食有了更深入的认识。

在品尝了中餐机器人烹制的菜品后，现场居民纷纷竖起了大拇指，称赞这些菜肴的色香味俱佳，堪比酒店大厨水准，多位居民现场表达了购买意向。

经过此次活动，更多民众知道了农鼎慧的生鲜全产业链安全闭环是如何将农田食材安全地转化成美味、健康的菜品，也对新型餐

民众现场观看"全料鲜制菜盒和中餐机器人"搭配使用炒制菜品

现场居民品尝中餐机器人烹制的菜品

饮方式获得更高的认可度。未来,农鼎慧将继续以多种形式贴近老百姓,让健康美食走进千家万户。

10.10 新型健康餐饮广受好评

自安心餐厅运营以来,一直备受居民们的一致好评。位于青山钢花农贸市场的农鼎慧食安堂餐厅,它们的招牌菜品,韭黄炒鸡蛋,荣登"饿了么"蔬菜炒蛋综合榜的第三名,赢得了广大居民的喜爱。

食安堂餐厅与其他餐厅的不同之处在于,食安堂所采用菜品均为当天洗切、当天采购,从而保障食材新鲜,也正是因为鲜制现炒,所以可以保障菜品的营养健康美味。

值得一提的是,食安堂餐厅使用的是全料鲜制菜盒,这意味着一旦食材经过洗切封装后,就不再与外界接触,直到炒制完成,从而保障了食材的安全和卫生。

全料鲜制菜盒一旦封装,就不再与外界接触

此外,食安堂餐厅搭配专属的中餐机器人,操作非常简便,只需5分钟便可炒完一个菜,一个人可以同时操作4台机器,也就是说，仅需 5 分钟，就能够炒制出四道美味佳肴。这显著提高了出餐效率，有力地提升了餐厅的经营效益。

让我们一起来看下食安堂餐厅炒制的美味佳肴吧！

当前，农鼎慧城市合伙人正面向全国招募，也希望能与城市合伙人一起将安心餐厅在全国落地，更期待安心美食能够走进千家万户。

10.11　进驻政府示范性项目

2023 年 9 月 16 日，标志着农鼎慧北方生态正式启航的农鼎慧北方中心启动仪式在沈阳圆满举办。仅仅十天时间，沈阳运营团队再次取得新成果。

9 月 26 日，农鼎慧智慧餐厅成功进驻沈阳市于洪区中海和悦府示范型居家养老服务中心，社区居民不出小区就能便捷高效地享用到高品质健康美食。

农鼎慧智慧餐厅成功进驻养老服务中心

据悉，该居家养老服务中心是沈阳市开展政府保障性居家养老服务 200 个试点的社区养老服务中心之一，配套护理、助餐、助洁、助医、文娱、代办等服务项目，是沈阳当地政府重要的民生保障项目。

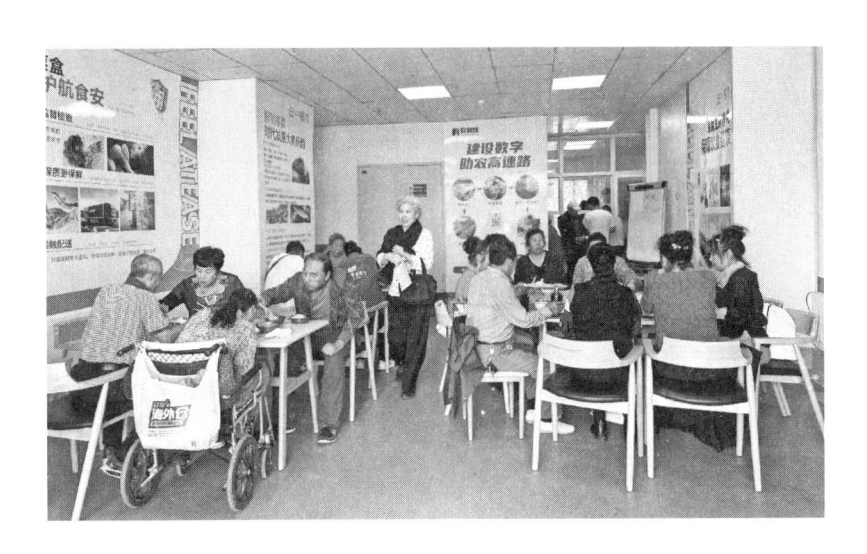

社区居民不出小区，就能便捷高效地享用到高品质健康美食

而此次农鼎慧沈阳智慧餐厅成功进驻中海和悦府示范型居家养老服务中心，既是响应国家政策号召，为民生建设添砖加瓦，同时又说明了农鼎慧智慧餐厅行业标准以及相关食安标准是站在行业前列的，获得了政府和社区的大力认可。

活动当天，沈阳地区相关领导出席了该居家养老服务中心的启动仪式，表达政府对养老民生项目大力支持的态度，并走进智慧餐厅和厨房视察工作，对农鼎慧高标准、严要求的健康美味餐饮服务表示赞许。

对于居家养老服务中心居民来说，窗明几净的舒适环境、安全便捷的美味菜品，让享用健康美食也能在家门口轻松实现，开业当天智慧餐厅客流如织，座无虚席，获得了居家养老服务中心居民的喜爱。

开业当天智慧餐厅座无虚席

此次农鼎慧智慧餐厅成功进驻社区养老中心，既是农鼎慧生鲜全产业链安全闭环场景落地的有力佐证，同时也为后期政务民生项目落地提供了宝贵的运营经验，农鼎慧人也必将在此基础上奋发图强、锐意拓新，让健康美食走进更多社区居民生活场景。

10.12 政府重点关注民生产业

近年来，保障民众食品安全已成为政府机构的核心工作，而农鼎慧身体力行的"守护十五亿人餐桌安全"的发展理念和其创新性的产业模式受到了有关部门的高度重视。

2023年8月16日，京山市副市长张琼慧等一行莅临武汉农鼎慧总部，进行实地考察和调研，双方就食品安全、绿色农业发展以及社区商业生态等方面进行了深入交流。

政府领导一行莅临武汉农鼎慧总部

此次活动由农鼎慧赋能中心明玉老师负责接待，向各位领导讲述了农鼎慧的设立初衷、发展历程、所取得成绩和未来公司的战略发展方向。

座谈会上，农鼎慧公司顾问袁剑表示农鼎慧以数字助农高速路为切入口，现阶段已完成了生鲜全产业链安全B端闭环，接下来，农鼎慧将完成C端产业链闭环，走进社区千家万户，实现"守护十五亿人餐桌安全"的伟大愿景。

张琼慧副市长表示农鼎慧将绿色助农与守护食品安全有效结合，这既顺应了民生的发展又符合政策的要求。对农鼎慧敢为人先、勇于开拓创新的精神表示高度肯定。鼓励农鼎慧继续前行，早日实现"守护十五亿人餐桌安全"的愿景。

会后，领导们走进安心餐厅参观，明玉老师向领导们介绍了安心餐厅的运营情况以及中餐机器人的工作情况。领导们表示这种新型餐饮体验能够较好地提高居民生活的便利性和幸福感，鼓励农鼎慧坚守初心，继续为"守护十四亿人餐桌安全"而不懈奋斗。

当下，农鼎慧创新发展理念和所取得的成绩受到社会各界的高度关注和认可。在相关部门和领导的长期关心与支持下，农鼎慧将恪守初心、勇于开拓，为保障食安贡献自己的力量。

第 11 章

贡献值言:
参与者感言

11.1　团队成员

浅谈建设农鼎慧品牌文化的重要性

李芹　农鼎慧策划部总监、果时元年文化传播有限公司创始人兼总经理

我大学毕业后进入长江日报社，担任政协专题版面记者，后入行地产圈，成为职业地产营销广告人，擅长文案、策略、设计、企业品牌文化建设。近一年多来，我作为农鼎慧策划部经理，见证了农鼎慧的一点一滴的成长，也一直以来都与公司并肩作战，全程跟进与推动农鼎慧品牌文化建设与宣传策划工作的有效进行。

在此之前，先跟大家分享一个很有意思的故事：欧洲某个调查机构曾做过一个有趣的实验，他们把嘉士伯啤酒倒入一个普通的啤酒瓶子里，再把普通的啤酒倒入嘉士伯啤酒瓶子里，然后让很多顾客品尝，令人啼笑皆非的是，几乎所有人都认为装在嘉士伯瓶子里的普通啤酒更好喝，而真正的装在普通啤酒瓶子里的嘉士伯啤酒却被认为难喝，甚至喝了有想吐的感觉。

这个故事说明，一个品牌的文化氛围和个性对品牌的重要性，

品牌不仅要取得老百姓的认知，还要形成用户们（客户们）对品牌的归属感、认同感。

那么，为什么说打造品牌文化很重要呢？

什么是品牌文化？

品牌文化通过赋予品牌深刻而丰富的文化内涵，建立鲜明的品牌定位。并充分利用各种强有效的传播途径，形成消费者对品牌在精神上的高度认同，创造品牌信仰，最终形成强烈的品牌忠诚度。比如，在消费者心目中，京东做得是品质电商；阿里是"万物皆可淘"的综合电商；有低价心智的是拼多多、抖音电商、快手电商，其中充斥着中低端产品，价质皆低。

品牌文化是面向企业外部的文化系统，它是通过给一个品牌注入强烈的文化内涵和生命活力，用其明确的品牌定位来稳稳地取得其消费群体的高度关注。

关于农鼎慧的品牌文化建设

- 公司品牌名称的深刻含义？
- 公司愿景是什么？
- 品牌愿景是什么？
- 公司愿景与品牌愿景是否一致？差异与联系是什么？
- 目前公司品牌具有什么样的个性和态度？
- 公司的核心价值观是什么？
- 品牌价值观是什么？
- 公司核心价值观与品牌价值观是否一致？差异与联系是什么？
- 目前客户对公司的品牌认知是怎样的？
- 谁是目标竞争对手？
- 谁是当前势均力敌的竞争对手？

• 与当前的竞争对手相比，品牌是否具有战略性优势？

以上这些问题都是战略性工作，渗透在品牌文化建设与日常管理工作中，很直接地讲，农鼎慧要做品牌，而且非常坚持要做出自己的差异化商业模式与品牌管理，所以，相关所有执行工作都是始于品牌战略的。

公司愿景：数字化社区生活服务升级运营商

品牌愿景：守护14亿人餐桌安全

公司定位：农鼎慧社区商业生态

品牌定位：安全　闭环

提炼品牌文化很简单，但是，它的形成是一项持久性工作，必须取得消费者的认同与持续消费与传播。品牌本身是本质和文化的结合，它需要农鼎慧人长年累月、细心经营和积累。是一个调研、整理、取舍、提炼与提升不断磨合的科学过程。

"品牌"是一种无形资产，"品牌"就是知名度，有了知名度就具有了凝聚力与扩散力，就成为了发展的动力。品牌建设的重要意义已经渗透到企业建设发展的每一个环节之中，尤其对于目前农鼎慧来说，品牌建设已经成为其在愈加激烈的商业环境中迅速崛起的制胜法宝。

农鼎慧品牌的建设意义

1. 品牌有助于塑造企业形象。品牌建设包括了品牌定位、品牌规划、品牌形象、品牌主张和品牌价值观等。品牌建设的过程是形成品牌影响力、实现品牌价值转化的过程。这个过程最初始阶段是对品牌的宣传，也是树立和宣传企业形象的阶段。企业随着品牌建设同步发展壮大，例如，格力空调和海尔冰箱，成为了格力电器和海尔电器的重要品质标杆，由此树立了海尔和格力电器质量领先的企业形象。要想在竞争中胜出，必须将注意力集中于创造具有核心竞争优势的"国民品牌"。

品牌是一个企业存在与发展的灵魂。众所周知,产品本身是没有生命力的,只有产品,没有品牌,或者是只有贴牌,没有品牌的企业更是没有生命力和延续性的。可口可乐公司 CEO Roberto Goizueta 曾说:"我们所有的工厂和设施可能明天会被全部烧光,但是你永远无法动摇公司的品牌价值;所有这些实际上来源于我们品牌特许的良好商誉和公司内的集体智慧。"由此可见,品牌是一个企业的灵魂,是一个企业存在和延续的价值支柱。因此,只有重视品牌,构筑自身发展的灵魂,我国企业也才能从目前的"世界工厂"转变为世界级公司。

2. 品牌能够代表企业的竞争力。企业产品参与市场竞争有三个层次,第一层是价格竞争,第二层是质量竞争,第三层是品牌竞争。今天的竞争已经发展到了品牌的竞争。品牌意味着高附加值、高利润、高市场占有率。品牌意味着高质量、高品位,是消费的首选。品牌建设可以为企业带来较高的销售额,可以花费很少的成本让自己的产品或服务更有竞争力。由于企业品牌知名度的提升,消费者有了认知并产生信赖感,企业相关产品能够更加迅速和大规模地被消费者所接纳和选择,市场规模也由此打开,为企业创造更多的经济收益。

同时,品牌建设更能突出企业与市场上的竞争对手相比的显著差异和属性,整个过程有助于获得竞争优势。营销之战即是品牌之战,是为获得品牌主导地位而进行的竞争。拥有市场比拥有企业更重要,而拥有市场的唯一途径是拥有占据市场主导地位的品牌。由此可见,品牌及品牌战略已经成为企业构筑市场竞争力的关键。

3. 品牌意味着客户群。对于消费者来讲,有品牌的产品不仅在质量上能给予消费者以保证,更重要的是它能满足消费者在消费时的愉悦感,从心理上得到了更大的满足。品牌对于顾客不仅意味着他们消费的产品、享受的服务源自何处、出自谁手，而且与一定的质量水准、品牌信誉始终相连。一个品牌代表着一定的产品、服务质量，凝聚着企业的形象和顾客、公众和社会对它的评价，吸引着相对稳定的、忠诚的客户群。它有助于与客户建立情感联系，产生对品牌的忠诚度和亲和力，从而使品牌与客户建立持久而富有成效的关系，由此，品牌意味着稳定的客户群，以及品牌覆盖之下的持久、恒定的利益。

4. 品牌是一种重要的无形资产。企业开发一个品牌，建立一个品牌，推广一个品牌，需要投入一定的人、财、物并形成各项费用，这就构成了品牌的经济价值。另外，消费者在与其他产品比较的基础上，产生在公众心目中的名气和声望，增加企业相关产品的附加值和延伸品牌价值，构成了品牌的无形价值。品牌对于产品的附加值的作用主要体现在奢侈品方面，例如售价几十万元的爱马仕包包，90%的费用为品牌增值。而品牌的延伸价值主要体现在品牌加盟付费以及品牌特许经营付费等，很多品牌店加盟费用就高达十几万元，特许经营费用收益也极为可观。品牌价值的大小，取决于大众对这种品牌特征的看法和评价。因此，品牌是企业最重要的资产之一。

品牌是一种长时间的积淀，从品牌身上你可以看出企业或产品的文化、传统、氛围或者精神和理念。奔驰的稳重大方、高贵舒适等，无不建立起消费者对这些品牌所有者所提供产品和服务的信心。因此，构建品牌战略、培育自身品牌对于广大中小型企业来说，意义重大！

现在，农鼎慧正在构建属于自己的品牌，一步步提升企业知名度与影响力，我们将团结一心，让农鼎慧成为家喻户晓的品牌！

农贸市场智慧化建设解决方案

李悦峰　农鼎慧副总经理、农鼎慧联合创始人

有人会认为农鼎慧是做炒菜机器人和鲜制菜盒生意的,有人认为农鼎慧是做农贸市场智慧化改造工程的……其实农鼎慧是一家提供平台级智慧化菜场运营解决方案的 SAAS 公司,实现数据智能管理和线上线下大融合,同时,农鼎慧还是湖北省首家农贸智慧平台本地化服务运营公司,目的是服务商户,服务社区居民,搭建社区商业生态。

在这里,我们会通过城市合伙人来帮助农鼎慧覆盖全国的市场,通过我们的鲜制菜系统来保证食品的安全,最后通过我们的智慧农贸平台及各个城市所占据的市场的社区分销体系,来实现"让全国14亿人吃上放心菜"的愿景。因此,在我们整个项目闭环当中所做的第一步,就是要对菜场进行智慧化改造,并搭建智慧农贸平台,我将从五个方面来给大家阐述。

第一个方面:区块链技术

农鼎慧公司结合了当下非常具有发展前景的区块链技术,并且,我们也是行业里首家将智慧农贸平台与区块链技术相结合进行落地建设的企业。

关于区块链,我在这里给大家简单介绍一下 BSN 链,它是我们

的"国家服务链",由国家信息中心、中国移动、中国银联共同发起,是全球性的区块链公共基础设施网络,因此,我们放心地把它结合到我们的这个项目建设中来,为我们的商业生态保驾护航。

区块链在我们的项目中主要应用在四个方面,第一是数据加密上链,第二是交易对账信息上链,第三是区块链追溯系统,第四是双通证贡献值系统。基于以上四个方面的应用,能够很好地解决市场商户和社区居民的运营价值匹配问题,并且可以记录每个人对智慧农贸平台的贡献,利用技术的公信力来进行利益分配。

第二个方面:商业模式 S2B2C

农鼎慧也是农贸行业领域里首家提出 S2B2C 商业模式的公司,农鼎慧有市场的建设方案和运营方案,但是,农鼎慧不去自己新建一个菜场,而是帮助其进行智慧化升级改造,就是因为我们只给 B 端提供赋能,不与原有的 B 端产生竞争,我帮助你,用你的存量客户资源来提升你的经营效率,增加你的收益,最后,我们再来一起为 C 端提供更好的服务。与此同时,平台也会进一步挖掘社区居民的商业价值,搭建基于核心体验官的社区分销体系,保证我们每个菜场至少会有 10 名团长、100 名核心体验官以及 5 000 名会员在我们的体系内,并将在六个月的时间中,进行 VIP 级的定期维护,最终让这些人成为我们的忠实客户或者分销代理商。

概括起来,就是通过占据的菜场引申到附近的社区,通过进入社区来挖掘社区居民的商业价值,通过菜场周边的社区居民来确定我们的核心体验官,通过核心体验官来搭建我们的社区分销体系,通过社区分销体系来实现流量和产品变现,最后通过裂变的方式让更多的人进来,让来的人都买,让买了的人再来买,让买了的人再介绍人来买的一个客户自循环的社区分销体系。

通过裂变的方式让更多的人成为客户

第三个方面：我们的平台组成

为了让我们整个商业模式有完整的落地应用，我们的平台系统也是非常完善的。完整的智慧农贸平台由三个端口组成：

首先是市场端设备，目前市场端的产品主要有两款，一款是数据屏，一款是公示屏。

去过青山钢花市场的伙伴一定也看到过我们悬挂于市场里的数据屏和公示屏，数据屏可以帮助市场管理方掌控整个市场交易情况，例如市场交易额、市场订单数、市场商品数及市场库存数，而公示屏则是市场对外所需展示的信息数据的一个公示，例如，商户姓名、商户经营类别以及最重要的商户商品农残检测合格情况。其实，简单用一句话概括，就是有了这两款产品的市场管理方，就相当于拥有了农贸市场信息化数据管理系统，可以实时掌控所负责市场的总体经营情况和商户的订单情况来提高市场管理方的工作效率。

其次是商户端，目前商户端的产品也有两款：一款是智能溯源电子秤,属硬件;一款是 SAAS 工具零售通 APP,属软件,这两款产品是我们公司免费提供给市场里商户使用的。

智能溯源电子秤不光可以让商户的所售商品信息,符合国家要求的"来向可查,去向可追",还可以提高商户的经营效率,整个交易流程只需通过选品、称重和结算三步即可完成,并且,当有多人交易时,也可通过电子秤的挂单按键来进行操作,多个客户之间的订单也不会产生影响,不仅如此,智能溯源电子秤还可以帮助商户收集客户信息,目前是通过扫会员码来添加会员,后期只需要客户扫描电子秤上动态聚合支付码,扫描一次付款码的同时,便会成为该商户自己店铺的会员,从而进行商户会员精细化管理及不定期的会员活动。

例如:钢花市场有一位商户叫×××,使用了农鼎慧的商户端产品之后就将他自己的会员组建成了微信群,现在群内有一半的客户×××变成了他的忠实客户,目前,×××的交易额比没采用我们产品之前提高了至少 20%。并且,零售通 APP 还可以帮助商户对自身的商品进行管理,并对自身经营数据进行统计。用一句话概括就是,商户端的产品就是只要市场的商户使用我们的智能溯源电子秤和 SAAS 工具,不光可以安心快捷地做生意,同时还可以省去每年一大笔进销存软件的使用费以及额外得到一个线上的交易渠道。

最后是客户端,客户端的产品是线上商城小程序。

该产品不光可以让社区居民在线上购买到市场内新鲜的菜品以及爆款福利产品,同时还起到了链接市场端产品与商户端产品的作用,使三个端口的产品形成一个业务闭环。不仅如此,目前,我们的小程序还能为 B 端提供鲜制菜盒采购配送销售的线上技术支持,让农鼎慧公司真正做到只要吃饭,就有钱赚。

第四个方面：获客模式

指代通证的应用。因为有了双通证体系，即我们的慧豆体系和贡献值体系，也就决定了农鼎慧的获客模式具有不可代替的优势，为什么这样说？通证应用可以从三个方面体现我们平台的优越性。

对市场管理方，农鼎慧是市场上第一家免费赠送智慧农贸平台的公司。

对商户，农鼎慧免费提供溯源电子秤和SAAS工具，并且，现阶段而言，商户每产生1 000元的交易流水，农鼎慧会匹配1个贡献值，当然，后续匹配的贡献值会逐步减少。

对消费者来说，在农鼎慧的慧购商城上消费获得慧豆，通过慧豆转换也能获得相应的贡献值。而贡献值相当于后期的分红凭证，所以说农鼎慧的通证体系能让早期参与者享受农鼎慧的成长红利。

第五个方面：智慧农贸商业体系

整合存量的农贸市场消费资源，经过大数据分析整合运营，形成集中采购和订单采购，打通社区与农产基地，形成全新的农贸商业体系。在这样的商业体系中有六大共生方：第一，可以为政府提供数据接口，便于市场管理；第二，在监管机构方面，可以提供溯源管理系统，进行农残检测信息对接；第三，农鼎慧可以和银行合作通过聚合支付码，为银行提供所需的资金流水；第四，对于农贸商户，可以帮助商户进行交易数据统一管理，进销存管理，也为商户在不影响线下交易的同时增加了一个线上销售渠道；第五，对于消费者来说，在线上就可以购买安全、便捷、新鲜的生鲜商品；第六，对市场管理方来说，借助这个智慧农贸平台可以更好地规范管理市场。

基于以上五个方面，无论是系统技术层面的还是整体建设运营层面，农鼎慧都有强有力的软件、硬件、技术，方案等来支撑智慧农贸平台的建设。现在我们该有的工具有了，接下来我将给大家分析，我们为什么能够灵活应用这些工具把平台搭建好？也就是我们的优势体现在哪些地方？

优势1：拥有独立知识产权的核心技术。首先，从建设到运营再到平台交接，农鼎慧能够提供一条龙的智慧农贸平台解决方案，更重要的是我们会驻场运营、现场服务，确保项目的落地执行。

其次，农鼎慧和存量农贸市场合作，占据了菜场的同时，也可以立即开始进行铺机器、卖菜盒的动作，相当于一落地，我们就有了现金流、有了供应服务商、有了存量客户，并利用市场现有资源，将商业运营成本降到最低，因此，我们的商业模式能够对市场竞争形成降维打击。

除此之外，我们所占据的市场内涉及生鲜板块，大家可以一个月买一次米，但是不能三天不买菜，所以，我们能够保持和消费者的高频次联动，形成我们自己的私域流量池。

优势2：拥有优秀的团队。农鼎慧董事长兼创始人田锐先生从湖北当地的明星企业烽火集团出来之后，编写了湖北省的第一个智慧社区和智慧家庭的通用规范标准，也是国内的第一个智慧社区的标准。

云链科技是华中区块链行业领军企业，为农鼎慧提供区块链技术；小果科技为我们提供SAAS系统平台，在生鲜板块有五六年行业经验；果时文化为全国排名前十的房地产公司提供运营策划方案，其实力不言而喻。除了我们整个团队非常可靠，和我们合作的战略伙伴也是实力雄厚。

优势3：拥有强大的战略合作伙伴。国有四大行之一的建设银行、湖北省唯一一家为政府提供双国产系统定制电脑的企业攀升科技、全国首家利用高燃氧离子技术进行食品净化的千北科技……在各行各业处于佼佼者地位的企业，均是农鼎慧的战略合作伙伴。

优势 4：拥有青山钢花市场成功的案例。在 2020 年，农鼎慧公司拿出一整套的智慧建设方案，用三个月时间，我们就完成了青山钢花市场智慧农贸平台的建设，并且，通过了青山市场监督局的验收。这个建设标准化完成以后，农鼎慧用了两年的时间建立了一整套的智慧菜场标准化的运营方案。所以说，现阶段，我们的经验已经转成了标准，就是现阶段有两套标准，一套标准是我们的建设方案标准，一套是我们的运营标准。有了这两套标准，结合我之前所说的 5 个项目工具和 4 个项目优势，农鼎慧会有一整套的智慧农贸平台解决方案，来搭建市场里的智慧农贸平台。

农鼎慧在武汉打造的钢花综合市场实拍图

最后，在这几年我在农鼎慧与客户接触过程中，遇到最多的一个话题，就是市场竞争，比如：在建设初期会被人问，我们的整个智慧化建设与林鲲科技有什么区别？又比如：在运营期我们会被问，我们与叮咚买菜、美团有什么区别？同样的是做建设、同样的是做农贸、同样的是做线上、同样的是生鲜板块，我们的优势在哪儿？

问：农鼎慧与林鲲科技、筑美等公司的区别是什么？

答：不管是林鲲还是筑美，它们都是自研式智慧菜场软硬件集成商，它们做 B 端不做 C 端，看起来差不多，但是它们是直接销售设备，一锤子买卖，而农鼎慧是赠送溯源电子秤，进行整合运营、驻场服务，并且商业模式跟他们也完全不一样。

问：农鼎慧与目前的叮咚买菜的区别是什么？

答：首先从成本上来说，叮咚买菜的前置仓成本高，叮咚买菜前置仓成本预计 80 万元，农鼎慧平均每个市场投入 30 万元以内，所以，从成本上来说农鼎慧投入比叮咚买菜低；其次从获客能力来说，叮咚买菜需要前期烧钱积累客户，而农鼎慧借助菜场这个天然地理环境，可以自然形成客户黏度，推广成本低；再次从发展速度来说，叮咚买菜 5 年建设前置仓 950 个，而农鼎慧可以在三个月内进驻 31 个市场；上市前要发展占据 3 000 + 个菜场，发展速度更快。

问：农鼎慧与美团、朴朴买菜的区别是什么？

答：看似和农鼎慧做的一样，其实不然。核心在于，它们都在和农贸市场商户抢生意，抢占生鲜市场份额，为自己赚钱；而农鼎慧是立足于农贸市场这个民生工程，进驻农贸市场为商户能更好地经营提供工具、提供帮助，企业的发心是不一样的。那同样，农鼎慧的竞争核心来自于支持我们的广大商户，所以，农鼎慧才可以走得更稳、更远。

农鼎慧赋能中心主要的职责就是帮助城市合伙人开拓市场、建设市场、运营市场，全面负责解决城市合伙人在建设运营期间所产生的一切问题，满足城市合伙人提出的合理需求，并在市场建设运营期间，按照统一的标准去执行。

第二个职责就是全方位地服务我们的招商渠道，为促成招商业务的达成进行全面的配合。所以，在接下来的工作当中，我代表赋能中心希望能得到广大城市合伙人和招商渠道的配合，大家共同打造属于自己的商业传奇！

产业过剩下的商业重组与再造

周凯　农鼎慧副总经理

为什么要做社区商业新生态,以及这个社区商业如何形成?

以我们的视角,先从当前环境产能过剩、产业过剩、金融过剩到如何商业重组四个方面,来进行阐述。

产业过剩—商业过剩—金融过剩—商业重组

先从产业过剩讲起,以我从业 20 年的商业经历,来给大家举例分享。

2000 年,我在一家外资企业里面做销售主管,一直做到全球的销售总监。2000 年以前,我们中国是没有服装自动化设备的。在 2000 年左右,中国大江南北在服装这个领域里面,一个人平均一天大概生产 T 恤 20 到 30 件,随着科技的发展,比如说,缝纫机转速的调整、还有一些辅助自动化的设备、CAD 和 CAM 自动打板、自动裁剪等等这些关联设备的出现,根据 2015 年市场调研得出的结果,目前,平均一个人可以做到大概 3 000 件左右,所以说,全球人口基本不变,做服装的这些工厂和工人也还是那么多,工厂差不多中间有一些更替,但是它们的变化不会很大。

中国上涨了 100 倍,甚至有的达到一两百倍以上的产能。这就导致积压库存,这多余的产能,如果全世界所有的工厂全部关掉,平均每人每年每季大概买两套衣服，就有八套衣服，还可以供应三五年。所以说，库存有多大，大家可想而知。产能多出的部分，大家没有办法处理，就会怎么办呢？就会杀价，想办法做活动促销、甩卖、降价。湖北做羊绒大衣，一件成品最开始卖个两三千元，后来卖到八百到现在五六百元、三四百元都有。

产能过剩导致我们所有的门面、所有的商场竞争过大，竞争过大带来的第二个阶段就是商业过剩，从产业过剩到商业过剩的过程，大家又开始抛底货，大打价格战，工厂做衣服，商家卖不掉，工厂出不了货，就导致所有的产业，没有办法增加设备、扩大工厂，最终导致金融对这个板块停贷。所以，由产业过剩导致商业过剩，接下来就是金融过剩。

三大过剩集合在一起的时候，就是金融危机。而金融危机的出现，整个行情就会呈现出大萧条。要走出这样一个困境，就一定要重新组合。把我们的商业模式以及所有结构，包括资源进行再分配和重新商业组合。农鼎慧就是用S2B2C的商业模式重组的。

农鼎慧S2B2C创新商业模式，见证互联网的发展史

回顾互联网发展历程，在1998年，中国出现了两个很牛的互联网公司，一家是阿里巴巴、一家是腾讯。马云在美国发现网购平台可以搜索到各式各样的信息，但是搜索中国的信息很少，甚至搜不到。他觉得中国应该补上这一块缺失，于是，他回到国内以后，就开始做一些组建工作。

我记得2000年出差到一个新地方，都会在当地电信局或者宾馆里去找大黄页，查这个地方有多少与自己本行业里面相关的一些资讯。因为，当时没有现在这么发达的资讯，搜索信息比较困难，所以，唯一的途径就是到了一个地方住下来，在当地电信局把这个地方所有相关联行业的地址电话全部抄下来，去做自己的业务，这就

是中国互联网雏形的开始。

于是，马云就把我们的制造企业和批发企业全都弄到网上。就是我们最开始的互联网 B2B 模式的雏形，生产厂家对批发商家进行货品批发，B2B 模式就在中国诞生了。从 1998 年到 2003 年，马云觉得这个内容不够充分、参与的人还不够多、内容也不是很丰满，也没有美国的 Ebay（美国最大的 C2C 电商平台）规模大，直到马云把淘宝建立起来，所有人都可以用一张身份证，在网上建立一个自己的店铺，在商城里面卖自己的东西。历经了六年时间，大概从 2003 年到 2009 年，第一届"双十一"活动到来，这个事情一开始做的没有那么完美，后面因为有一个淘宝客，它通过效果付费的方式拉动了这个产业。

第一届"双十一"活动，我记得第一天就卖到 190 多亿，这背后假货横行，带来了很多监管问题。所以，2009 年国家工商总局约谈马云，第一，因为他没有监管的体系，工商局税收没办法控制；第二，对假货没有办法控制，认为 C2C 模式在中国当下的社会里面有缺陷性。

约谈以后，马云就在想怎么解决这个问题，过了三个月以后，就出现了天猫、京东、唯品会、各式各样的平台，商家都必须要营业执照、交保证金才可以卖东西，所以就出现了 B2C 模式。国家工商行政管理总局就能根据你的营业执照来进行收税。你如果有假货，它可以找得到，用平台背书来解决假货的问题。

从 B2B 到 C2C 到 B2C 的发展过程中，又出现了一个人叫王兴，他觉得互联网发展到当时还是不够充分，因为我们没有办法把一份热腾腾的饭菜在互联网上进行销售。他发现这个问题以后，他觉得互联网应该还可以再前进一步，后来就有了我们的线上下单、线下服务的模式叫做 O2O，比如美团、饿了么、摩拜单车、滴滴打车，以上是我们整个中国互联网产业演变的历程。

互联网发展到现在，也不是完全的羽翼丰满，我们觉得它对商家和平台以及用户之间应该有更强的关联性。因为，不管是 B2B 还是 O2O 模式，平台除了抽取商家更多的利润并提供流量以外，它并没有做到更多的赋能动作，所以说，我们觉得互联网应该还有更好的服务方式或更人性的一些方式，让大家参与其中。

比如说，我们农鼎慧的商业模式 S2B2C，S 指的是农鼎慧平台，B 代表商家，C 代表消费者。农鼎慧平台会服务所有的 B 端，比如农贸市场、市场里的商户，我们给他们提供一套线上线下打通交易的系统，同时还教会他们如何使用，并且我们会在社区里面帮商户引流，帮助他们更好地服务于社区居民。

新商业模式，为农鼎慧带来更多赋能

基于 S2B2C 商业模式，通过两年的实践，我们摸索出了一套全新打法。

我们能给国家和社会以及所有的商户和消费者带来多方赋能，我们进入农贸市场，给农贸市场的商户提供智能溯源秤，通过对他们的服务，把所有的交易数据，通过后台收集后提供给政府，政府便掌握一个城市一天需要多少柴米油盐。当地的政府在做一些储备的时候，如疫情期间做一些管控，需要组织一些什么样的物资，需要多大的体量，原来没有一个精准的数字依据，那么，现在我们可以把农贸市场交易的精准数据提供给政府和管理机构。

根据我们收集的信息和了解到的实际情况，全国到目前为止，能提供这样的数据的，仅我们一家。我们在做智慧化管理的时候，帮每一个商户注册营业执照，用商户营业执照帮银行开通聚合支付，在这个聚合支付的过程中，我们把所有的交易流水收集到银行，一个农贸市场按 100 个商户来算，一个商户一天大概是 2 000 到 3 000 元，然后十个商户就是两三万元，100 个商户大概就是 30 万元，一个农贸市场,一年下来可以帮银行产生一亿多元的现金流水。

2020年,受新冠肺炎疫情影响,武汉全城400多家农贸市场全部封闭,直到三个月以后的2020年4月18号才解封。国家针对管控的农贸市场下达了红头文件,必须由1.0升级改造为2.0,不但要做到整洁化和智慧化,还要做到有数据,才能让农贸市场开门。现在包括武汉所有新建农贸市场在内,必须做到智慧化才能重新开业,这个时候,我们农鼎慧就做了一套免费的系统,帮商户不但可以在线下卖菜,同时还可以在线上卖菜。帮商户打通线上线下的交易体系。同时,还利用了我们的平台引流系统,帮农贸市场的商户做社区引流。

当时,这个模式在湖北运营了三到六个月,这一套体系的整个架构是用区块链技术做的,农鼎慧改造过的农贸市场,只要在里面买的菜,都会通过区块链技术上链留存。一旦吃坏了肚子、出现了问题,我们可以找到问题的根源。为消费者的隐私安全保驾护航,解决了食品安全问题。在农贸市场周边的用户,如果不太方便到农贸市场去买菜,可以通过我们的小程序下单,由第三方送货上门。同时解决了消费者食品安全问题和生活便捷问题。这就是农鼎慧新的商业模式带来的多方赋能:

第一、我们帮政府解决了数据问题,使政府在管理决策的时候有了更多的依据。

第二、帮银行开通了聚合支付,提供了新的流水。

第三、帮农贸市场做智慧化升级改造。

第四、帮商户打通了线上线下交易体系,帮社区做了引流。

第五、帮助消费者解决了生活食品安全问题和生活便捷问题。

其余,还有给监管方、供应链方、其他第三方提供了一些额外的价值。

还有一点,有必要给大家讲一下。

什么叫市场行为？比如：这家商户菜价今天卖三块，明天卖五块。是他的成本增加了？还是其他的原因产生的？实际上都不是，比如说：张三、李四、王五都是卖羊肉，大家都知道这个市场里面一天可以卖 1 000 斤羊肉，他们三个进羊肉的时候都不会告诉另外两个人，如果他们觉得今天天气很好，心情不错，他们多进了 500 斤。多的这 500 斤，大家因为想把自己的那部分卖掉，所以今天的羊肉就会打折，卖得很便宜。当大家觉得这个市场没有这么多量，他们再次进货的时候一人只进 200 斤。其实，这个市场的需求是 1 000 斤，整个供应只有 600 斤，所以，价格又会卖的很贵。因为农贸市场没有数据做支撑，就导致了它的价格忽高忽低，没有办法可控。

所以，农鼎慧有了后续这样一套数据，以后可以帮助大家在进货的时候，解决一些这样的问题，不至于造成有库存压力和供需产生很大的错位。这是我们农鼎慧重组以后的商业模式，给社会很多方面做了赋能。我们也没有给大家提任何要求，那么，我们公司最终做什么？公司都有自己的商业行为，到底从哪里给我们自己带来价值？我就从农贸市场以及现在主营业务这个板块给大家做个讲述。

开创智慧菜场和鲜制菜业务，探索零低价商业模式

农鼎慧的目的是做社区商业生态，社区商业生态有两个属性，一个是安全，一个是闭环。那么，安全就是指我们的食品安全和所有的投资者的资金安全。闭环是指在我们这个社区商业生态里面，每一个板块都是可以单独拎出来赚钱的。

农贸市场是国家规划下，根据必须保证民生需求的要求建立的，在建立一个农贸市场的时候，它周边一定有五万到十万人的体量，国家才会规划做农贸市场。国家为了满足民生供应，会由商务局来直属管理，有些商务局管不了那么多，也会找第三方来代管，所以说，农贸市场等于一个零地价的商业地产。

我们有了零地价的农贸市场，在周边做社区商业，相对成本要低很多。有心的人可以去观察了解，假设马路左边有个农贸市场，里面的铺位按一米两三百块钱收租金，但是马路右边商铺的租金可能就是三五千元，它的成本是完全不一样的。我们有了农贸市场，就有了非常低的运营成本，有了这样一个运营成本，我们做各行生意，都能在里面赚取足够的佣金。做生意最核心的就是比成本，我的成本比你更低，在同样的价格下，你肯定是竞争不过我。有了这样一个体量，我们就会根据国家政策，占菜场后再改造和运营，智慧化农贸市场。

有了菜场以后，就可以在菜场的周边体量比较大的地方，免费铺设中餐机器人，然后提供菜盒供应。菜盒里的菜品，是通过种植基地整车运到生鲜工厂通过清洗、去农残、切配，分装成菜盒，再覆膜封装。它在没有与外界接触的情况下做储存运输，全程1℃到5℃的冷藏运输到我们的终端，如餐厅、会所、酒店等，整个过程中不与外界接触。从根本上确保了菜品安全性。同时，我们运用了区块链技术把整个制作过程、运输环境都全部记录在这个联盟链里面，因此，吃农鼎慧的菜盒是绝对的安全保障。有了安全和保障，就有了我们崭新的中餐机器人运营的方案，这个方案里有投资人、运营人。好比农鼎慧找到了一个好的生意渠道，我们叫几个兄弟一起干，赚到钱后，你投入的本钱，在十个月时间内全部返还，剩下赚的钱咱们分。

例如，一台中餐机器人21 800元，有钱的人出点钱，没钱的人干点活，农鼎慧平台针对出钱的人，我们分10个月把本钱返还，剩下的钱又由农鼎慧平台、运营的人、出钱的人一方各分一块。假设，一个菜盒赚3块，一个中餐机器人一天最低消耗30个菜盒，每一天就是赚90块，一个月赚2 700块。前面这部分赚的钱，除保住正常运营的运转费用以外，剩下的全部给投资人，这个就是我们的模式。

在这个模式里面，首先是由智慧农贸市场的低价运营体系和中央厨房供应链给大家做保障，再加上完全不需要中间的多层环节，直接从基地到工厂再到终端，把很多中间环节直接去掉了，就保证了足够的利润。

生鲜高毛利是因为生鲜有实效性，菜从基地直接对接到工厂，运输途中没有过多的损耗，所以保证了菜盒子的低成本和高利润。这就保证了投资中餐机器人的正常收益，十个月，我们可以把这个本钱返给投资人，本钱回了之后剩下的钱大家一起分。我们用这样的方式带出了中餐机器人的核心业务。

我们做的是一个实实在在的实体生意。我们这样的"售后回租"的招商模式，具有行业创新性，在项目早期需要以一个小切口切入市场时，非常有用，非常有效！但是，完成了一定的招商数量，获得一定的市场影响力之后，我们绝对会减少乃至最后终止这样"售后回租"模式！农鼎慧绝对是做实体生意，我们不需要拉很多人头，更不会用后面人的钱来补贴前面人的钱。

通过汲取市场演变经验，与时代同步发展，经过这些年的探索，如今，现在农鼎慧平台有了自己的19字方针——社区商业生态、安全、闭环、占菜场、铺机器、卖菜盒。

安全是指我们所有的食品安全和投资者资金的安全；闭环是指我们里面所有的板块都是可以单独产生收益。有了这样一个属性，从众多的合作项目里面拿一个出来，作为我们的落地抓手。这个项目就是我们"全料鲜制菜盒＋中餐机器人"这个项目。这个项目里面有零低价的商业地产——智慧农贸市场作为支撑，我们有一个非常低的运营成本和费用，我们冲到市场里面去，我们可以给原有餐饮业降低60%的成本，所以，我们就能帮我们的投资人很快赚回本钱，依据是我们生鲜的高毛利、减少损耗环节、做到了最低价以及锁定了它的复购，因为机器人是免费送出去的，每天给我们消费30

个菜盒，一年可以高达 1 万多次复购，这是我们的核心优势。有了这样的条件，我们就可以满足消费者以及我们投资者的需求。

我们把利国、利民、利多方的事情进行到底。一起把这个事业做出它应有的价值，它的生态新闭环形成以后，就会生生不息地能够持续地运营下去，我相信这是一个有意义、利万民的事情。

并肩前行——我的成长故事

卫晓红　农鼎慧总经理助理

坚定内心，主动选择

进入农鼎慧工作的第一天，是 2021 年的 5 月 17 号（周一），我记得非常清楚。因为五一去上海迪士尼旅游玩，返回武汉，就开始找工作。

说到来农鼎慧公司入职，可以说是我争取来的。当时我面试的职位是招商部助理，是我主动在 BOSS 直聘上找到农鼎慧公司要求面试的。面试当天，是招商部总经理周凯先生亲自面试我的，随后通知我回去等消息。

因为面试时间是周五，我也迫切希望可以得到农鼎慧公司的 offer，如此一来就可以周一入职。但一直到周日下午也没有等到 offer，我就又在网站上询问我是否通过了面试，是否可以来农鼎慧公司上班。人事也没有回复我，因为她也要等领导的确认。

让我如此想迫切来农鼎慧上班的原因很简单，就是离家很近。最终在焦急等待中，公司在周日晚上通知我周一入职，就这样，我开始了在农鼎慧公司的成长。

度过难关，迎来曙光

在农鼎慧招商部工作了几个月，我开始慢慢地了解公司、了解社区商业生态的具体操作模式。虽然，前期公司经历了资金链不充足的情况，但我还是理智战胜感性，坚定了自己的决定，既然选择了农鼎慧就要一直坚持下去。

作为一个打工人，我明白在哪里打工都是给别人打工，但是，农鼎慧让我看到了可以不用一辈子打工的希望。所以我就想，不过就是几个月的艰难而已，熬一熬就过去了，我们要向长远看，不能只看眼前。所以，我十分佩服公司的领导们，非常的有前瞻性。

因为一直都很相信公司，所以在2021年公司内部集资的时候，我抱着公司会做大做强的信心，拿出了手上可支配的不多资金。当时，公司给予的条件还是极好的，以后估计都不可能会有了。而且，自从筹资入股后，我的工作心态也开始有了一点变化，"主人翁"意识更强了，许多想法都开始从公司角度出发，更好地成为了公司的一分子。

其实我一直这么坚持地相信公司，也是因为公司招商部的同事给了我很大的勇气和信心。副总经理周凯、郑大姐、方芳姐、王诚哥、郑总等前辈们都在默默地支持我，真的非常感谢他们，一路教导我成长。

农鼎慧已度过难关，迎来曙光

现在，我们守得云开见月明，一切都在向好的方向发展。

岗位晋升，责任更大

后来，随着公司持续发展，我开始认识了纳斯达克（中国）金融中心总裁许斌老师。

许斌老师任职我们公司的执行总裁，而我也被暂时被任命为执行总裁助理。在老师任职后，他开始带领我们学习"贵人系统"，并给公司所有员工开始 HIIT 训练，让每位同事对公司的各项事情更加了解，并能够熟练地表达讲解出来。说到 HIIT 训练，我还是拿到过 HIIT 奖金的，毕竟临时作为许斌老师的助理，我在他的课程上必须得有点成果展示才行。

现在回想起来，许斌老师对我们进行 HIIT 训练的那一段时间，可以说过得非常充实。当时因为人事的原因，公司的内勤工作基本都是我在处理，所以那段时间每天上班都很积极，但也很忐忑。因为对公司的内勤资料很陌生，怕做不好给大家带来麻烦，而同事们也为了公司在努力，我只有慢慢摸索。

虽然当时经常很晚下班，但我也开始更了解公司，并开始真正介入公司的一些事情。或许是我的努力被总经理田锐看到了，于是我被任命为他的助理，从此对外介绍的时候，我就是总助了。

听起来虽然高大上，但我深知以现在的能力还不足以胜任总经理助理这个职位。但我相信勤能补拙，未来一定可以胜任的。

共同进步，一路向前

因为许斌老师对我们公司全员进行了 HIIT 训练，所以，基本上每位同事都可以对外更好地宣传与介绍公司。总经理田锐先生也讲过，正因为许斌老师的极力推荐，我们才和菜立信合作，也就是与我们中餐机器人的厂家，达成了长期友好的战略合作。

自从农鼎慧公司引进鲜制菜业务之后，就踏上了高速发展的道路，大家也更加确定了我们在做对的事情，那就是持续贯彻 19 字方针——社区商业生态、安全、闭环、抢菜场、铺机器、卖菜盒。现在，各部门团队也是一直按照方针在有条不紊地进行着，并且颇有成效。

现在，我们公司的中餐机器人餐厅也开始对外营业了，每天来了解农鼎慧公司的客户也是非常多，随之而来的每天的成交率也越来越高。事实证明，我们做的事情，就是利国利民的好事，所以，才会有越来越多的人一起参与进来，一起来帮助农鼎慧做大做强。

从 2021 年 5 月初次来公司上班到现在，农鼎慧从刚开始的合租，到现在办公地点的扩张；从刚开始的资金短缺到现在日进斗金，看着农鼎慧一步步发展成现在的样子，真的是倍感幸福。因为，最煎熬的时间都熬过了，现在就是要迎来我们辉煌的时刻了。看着公司的发展，我经常会在想，很庆幸在农鼎慧最难熬的时候没有选择放弃，而是选择与它一起度过那段时光。

与农鼎慧共同成长，实现自我价值

郑碧波　农鼎慧招商经理

从了解农鼎慧到与农鼎慧共同前行，很荣幸现与农鼎慧共同走过了两个春秋，本人一直从事招商相关工作，我想简要介绍下如何与农鼎慧相遇、相识和相知。

结缘农鼎慧

在最初印象中，对农鼎慧的印象停留在政府扶持民生项目，在2020年新冠肺炎疫情的影响下，整个武汉市人民日常生活受到不小的影响，通过农鼎慧副总经理周凯先生介绍，了解到这个平台，经过田锐先生的介绍，对这个项目有了更加全面的了解，并同时对农鼎慧董事长田锐有了更全面充分的认识，由此结下缘分。

在当时，农鼎慧开始仅仅只有市场合伙人业务，相对现在而言，有城市合伙人等其他业务可供选择，合作方式比以前更加丰富，但基于对民生项目高度认可及对田锐先生的信任，身边很多朋友也开始一起加入进来，因为大家都相信有价值的产业肯定会有收获，而吃饭问题是每个人关注的刚需，所以，很多朋友一经介绍就义无反顾地加入进来，也正是在此基础上完成了农鼎慧招商团队建设，现在想想，这是一件非常有意义的事，事实证明也是非常正确的选择！

在周凯先生和团队合作伙伴的共同努力下，农鼎慧引入了优质合作伙伴，为农鼎慧提供早期建设资金支持，在较短时间内，完成了35个市场签约，而农鼎慧在短暂时间内取得的耀眼成绩，也获得了资本市场的青睐，获得了SPAC上市金融中心的关注，并对农鼎慧进行上市辅导，为未来上市作好准备。在政策方面，农鼎慧凭借自己的产业优势和耀眼成绩，也获得了湖北省科学技术厅、湖北省财政厅等有关部门的大力认可与支持，并获得了湖北省高新技术企业认证荣誉资质。

一路走来，我们见证了农鼎慧从几平方的小办公室，发展到如今业务遍布深圳、广州、东莞、上海、武汉、沈阳、大连等地，并由南至北建成深圳、武汉、沈阳三大运营支持中心，形成覆盖全国的业务盛况。

农鼎慧已建成深圳、武汉、沈阳三大运营支持中心

安全理念深入人心

在农鼎慧发展历程中，安全理念深入我们每一个农鼎慧人心中，时至今日，这也是农鼎慧向前开拓发展的根基，而这也是民心所向、政策所期、未来大势。

说到农鼎慧，很多人第一时间想到食品安全，想到农鼎慧"守护十四亿人餐桌安全"的伟大愿景。基于此，农鼎慧借助自身十年数字社区沉淀和区块链技术优势，完成了菜品全程溯源，利用技术手段，实现公信力提升。此外，农鼎慧创新性地在产业链末端推出鲜制菜业务和炒菜机器人，将供应端、物流端与消费端紧密相连，解决居民最末端、也是大家也最关心的食品安全问题。

并且，在整个供应链管理过程中，农鼎慧植根绿色蔬菜基地田间地头，在第一道关口守好食品安全关。为进一步提升菜品安全程度，农鼎慧提高菜品洗净配送标准，采用高标准严要求，深度净化技术全程统检，保障菜品安全，推出高标准安全放心的全料鲜制菜盒。

在场景消费端，居民搭配使用农鼎慧全料鲜制菜盒与中餐机器人，整个菜品在净菜工厂完全与外界无接触，让居民真正实现洗菜不沾手、切菜不沾手、炒菜不沾手，解放双手的同时，保障食材安全。

高标准安全放心的全料鲜制菜盒

农鼎慧以系统安全保障食品安全

在当今数字化、信息化的时代,技术已经渗透到各个领域,包括食品行业。然而,随着技术的不断推进,食品安全问题也日益凸显。如何在技术进步与食品安全之间找到平衡点,成为行业面临的重要课题。农鼎慧以系统安全为切入点,为解决这一问题提供了新的思路。

农鼎慧深知系统安全在食品安全中的重要性。在食品生产和流通环节中,系统安全能够保障数据的完整性、真实性和可靠性,避免数据被篡改或污染。同时,通过数据追溯,可以实现对食品生产全过程的监控,确保食品质量安全。

农鼎慧借助区块链双通证系统,实现了所有流通数据全程可溯源。区块链技术的引入,为数据安全与透明提供了强有力的保障。通过分布式账本技术,每个数据节点都有相同的备份,使得数据篡改的难度大大增加。同时,区块链的公开透明使得数据追溯更加容易,增强了数据的公信力。

农鼎慧相信,只有技术的公信力才能真正支撑食品安全。通过自主研发的核心技术,农鼎慧建立了严格的数据安全保障体系,确保数据的真实性和可靠性。同时,农鼎慧还积极引入第三方权威机构进行数据验证和监督,进一步增强了数据的公信力。

农鼎慧始终坚持以民生需求为导向的业务拓展策略。在鲜制菜等业务领域,农鼎慧不仅关注产品的口感和营养价值,更加注重产品的安全性和健康性。通过引入系统安全技术,农鼎慧成功地将安全、健康、美味的食品送到了千家万户的餐桌上。

从投资角度来看,农鼎慧的业务方向具有巨大的发展潜力。随着人们生活水平的提高和健康意识的增强,食品安全问题越来越受到关注。因此,投资农鼎慧这样的企业,具有巨大的社会价值和市场潜力。农鼎慧的技术创新和业务拓展能力也为公司未来的发展提供了强大的支撑。作为一家注重技术研发和创新的企业,农鼎慧不断推出新的产品和服务,满足市场的多样化需求。同时,农鼎慧还积极探索新的业务模式和合作伙伴关系,为公司未来的发展提供了更多的机遇。

农鼎慧以系统安全保障食品安全为己任,通过引入先进的区块链技术和管理理念,成功地构建了一套高效、安全、可靠的食品生产与流通体系。在满足人们日益增长的食品安全需求的同时,也为投资者提供了具有巨大潜力的投资机会。未来,农鼎慧将继续致力于技术创新和业务拓展,为全球的食品安全事业作出更大的贡献。

农鼎慧发展价值

现在我想跟大家分享一下农鼎慧的运营框架,分别是运营价值、渠道价值、贡献值价值。

有一些新朋友也不是太了解农鼎慧的这三大价值。在农鼎慧生态建设参与过程中这三种价值对应有三种身份,第一种是投钱想获得收益的;第二种是出力不出钱在农鼎慧从事服务工作的;第三种是出钱又出力的。那么,这三种参与者,分别能获得什么价值呢?

首先,农鼎慧所做的社区商业生态是个持久且生生不息的事业,所以,也必然会带来长期收益,而长期收益是获得丰厚财富的重要来源。农鼎慧将科技与农业有效结合,利用现代科技技术对民生最核心的食安问题进行赋能,这也决定了食安业务发展的长期性和前瞻性。

在农鼎慧业务框架中,中餐机器人业务年收益增长率达100%,基本可以实现三年翻三倍,并且,考虑到帮助投资者尽快回收成本,在投入后每周都有租金收益,相信随着时间沉淀,每个人都能获得自己的超额收益,而这一切都源于对农鼎慧事业的信任与支持,就像当初一样，农鼎慧当初只是一个设想的时候，得益于农鼎慧初创团队的相信，才一步步走到今天，所以，如果看好农鼎慧这项事业坚守下去，一定会获得不错的回报，当然也会根据每个人参与时期、参与程度等获得不同的股权、期权、贡献值等等，这都是基于我们公司的一个长期主义，让每一个付出的人能够长期、稳定的回报。

现阶段，农鼎慧与三年前相比取得了巨大成果，但离我们构建"以一万家智慧菜场为核心的社区商业生态"仍有很长的路要走，需要大家一起携手前行，共建共赢，每个人都参与到农鼎慧生态建设过程中，未来也必然会获得丰厚回报。

与农鼎慧共同成长、实现自我价值

方芳　农鼎慧招商经理

非常感谢引荐我加入农鼎慧的朋友，进入农鼎慧这个非常有大爱、非常有前景的民生行业，只要吃饭、就有钱赚，并与各位结缘。

在此之前，我有过十年房产销售经历，并在直销最鼎盛的时期进入直销平台，600多人的团队。在2020年12月，正在家带孩子的我，接到了农鼎慧招商经理郑总的电话，遂开始与农鼎慧正式结缘。

在农鼎慧首次市场合伙人培训时，经过农鼎慧董事长田锐先生介绍，对农鼎慧的生态理念和未来前景有了更加全面的认识并高度认可，遂决心开始全身心投入到这份事业当中。或许，有些朋友对农鼎慧智慧菜场的核心价值不够了解，在我看来，菜场在社区经济中发挥着重要的桥头堡作用，而社区和CBD是大众的主要聚集地，CBD是人们工作的地方，而社区是人们生活的主要场所，拥有天然的社区流量，所以说，国内经济体可以称之为CBD经济和社区经济，而农鼎慧要做的又是最具烟火气息的生意，同时，菜场具备天然的高黏度属性，刺激消费者复购，其前景性和收益性自然不言而喻。

当时，田锐先生带领所有员工投入到菜场建设和签约中，像钢花农贸市场签约时，当时市领导到场指导工作，受到省电视台、市电视台的高度关注与报道，而这也无疑坚定了我的信心，作为一个受政府支持、为民众所需的刚需项目，定然能够获得源源不断的财富收益。并且在农鼎慧工作的过程中，我对农鼎慧各项业务理解也日益精进，对农鼎慧创始人田锐先生的人格魅力也更加钦佩。

随后，我慢慢把农鼎慧项目介绍给身边朋友，一个新兴事物产生时，人性习惯于持怀疑态度，这也是可以理解且较为正常的，但随着大家对农鼎慧社区商业生态认识的加深，身边不断有新的朋友加入，并享有各自的股权、期权，以及贡献值收益。

但其实，在一开始，我和很多朋友一样，也持一种怀疑态度，但这一路走来，我渐渐明白相信的力量的伟大，我也相信农鼎慧会越来越好、越做越大、越做越强。同时，我也希望大家深入地了解农鼎慧后，一定然会发现这是个有前景的行业。

现阶段，农鼎慧业务已经由最早的占菜场发展为"占菜场、铺机器、卖菜盒"等多项业务齐头并进，公司发展又迈入新的阶段。同时由于此项事业的前景性和刚需性，农鼎慧各个阶段的工作任务也完成得相当圆满，也吸引着更多人士加入，他们也获得了丰厚的回报，而这就是相信的力量。

那么，正如田锐先生所说，当农鼎慧销售额达到两亿元时，农鼎慧生态体系中第一家上市公司很快就会出现，而参与农鼎慧生态体系建设的参与者也将获得属于他们的丰厚回报。

在这三年时间内，很多人以为农鼎慧只是做菜场建设，其实，农鼎慧更是一家高科技公司，农鼎慧创造了湖北省社区标准、获得了很多行业专利，并且被评为湖北省高新技术企业，同时，还被纳斯达克金融中心评为最具潜力上市企业，并对农鼎慧农贸市场、净菜工厂等进行详细考察，对农鼎慧未来发展前景给予高度评价，并给出4亿元资本市场的估值。

在我看来，在这三年的时间里，农鼎慧确实经历了一段快速且令人印象深刻的发展历程。不仅如此，它还在生态体系建设中创造了巨大的价值，不仅为公司的合作伙伴和参与者提供了丰厚的回报，农鼎慧的创新性发展模式，还为湖北省以及整个农业科技领域注入了新的活力，受到区、市等各级领导的高度关注。

现阶段，农鼎慧的生态体系由武汉陆续走向深圳、广州、东莞、上海、沈阳、大连等地，农鼎慧生态版图也在迅速扩大。这将为生态体系的其他参与者带来巨大的机会，他们将分享到农鼎慧成功的果实。同时，我们也相信，随着农鼎慧生态持续壮大，吸引更多合作伙伴加入，也能帮助农鼎慧加速"全国一万家智慧菜场"建设，实现农鼎慧社区商业生态蓬勃发展，让农鼎慧社区商业生态建设者、参与者享受时代红利。

我在农鼎慧的成长之路

王诚　农鼎慧创始合伙人之一、招商部招商经理

我与农鼎慧的初识

2020年9月底,副总经理周凯先生跟我说有一个非常好的民生项目,希望我有机会一起去了解一下。随即,在国庆节之后,我们一行六个人便来到云链科技的会议室,创始人田锐接待了我们并讲解了农鼎慧最初的PPT方案。

虽然已经记不清所有的内容,但是我记忆犹新的是田锐先生的一句话:"我们现在做的事情就是要让十五亿人吃上放心菜,我现在把所有的菜准备好,端出来呈现在大家的面前。"我个人认为,跟民生相关的事情肯定有前途,因此,虽然当时并没有完全听懂,但并不影响我加入农鼎慧,一起干这个事。于是,我加入农鼎慧、成为其中一份子的这件事情,就这样开始了。

具有意义的创业初期

因为疫情,很多行业受到冲击,唯独跟民生相关的事情,是没有受到影响的,这也是我决定加入农鼎慧的一个原因。

第一次了解农鼎慧智慧菜场项目,是去参观钢花综合市场,看到现场数据大屏、公示屏等,让我更加坚定要加入进来,虽然当时,

我并不清楚盈利来源有哪些，但我始终坚信，这个跟民生相关的智慧农贸项目一定有前途！

这个世界上有两种人，一种是先相信再去干的人，另一种是先看见结果再去干的人，我无疑是属于前者。很多时候，我更愿意选择去相信，因为我认为，相信的成本小于试错的成本。

在我们几个达成初步共识之后，就正式开展了农鼎慧的工作。招商部雏形也算是在那个时候搭建起来了。我清晰地记得 2020 年 10 月 28 日，我、副总经理周凯、龚金在武汉的青山区，寻找第一场发布会的场地，经过一天的努力寻找，后来找到青山开元酒店，确定 2020 年 11 月 25 日还没有被安排，所以，我们把农鼎慧第一次发布会，就定在了这一天。

只要有了目标，就容易很多，我们一起为发布会的准备工作努力着。2020 年 11 月 6 日，农鼎慧招商商务条件以及收益回报等文件，都是得益于这场发布会才出的初稿，现在回想起来，可以肯定的是，我们团队的协作能力、执行力，以及办事效率，都是可圈可点的。

当然，第一场发布会举办得非常的成功，当时，湖北省商务厅、青山区市场监督局等各级领导高度关注农鼎慧智慧大菜场，同时，各大电视台相继采访农鼎慧智慧大菜场。农鼎慧招商工作从这场发布会开始，正式拉开帷幕。

在这个具有非常意义的开始时期，一定要感谢农鼎慧副总经理周凯先生，记得当时他是卖掉了 2 个比特币，来支持这场发布会的！而我自己在 2020 年 12 月 14 日正式成为农鼎慧智慧菜场的合伙人的时候，也是想方设法筹集了 10 万元启动资金，投资了一个智慧菜场。

现在回想起来，很感谢当时的选择，因为，现在一个智慧菜场投资需要 30 万，未来可能还会上涨，原因是一个智慧菜场的收益提高了，所以，跟着农鼎慧发展的步伐，每个点都应该踩准！

在田锐先生最开始做智慧菜场的时候，农鼎慧创业初期是 5 万元起步，8 月的大热天，他们光着膀子在钢花综合市场里安装调试设备。这份付出终究是会有回报的，现在农鼎慧估值 4 亿元，较创业之初增长了 8 000 倍。

走上正轨，发展越来越好

第一场发布会之后，招商效果就慢慢呈现出来。在副总经理周凯的带领下，招商团队也不断在扩大，越来越多的精英们相继加入，农鼎慧首届合伙人培训会议也在 2021 年 2 月 1—4 日，在汉南碧桂园酒店召开，正式开启了农鼎慧市场合伙人机制。农鼎慧合伙人实现了从 0 到 1，从 1 到 10 的过程。

为了让更多人了解农鼎慧智慧大菜场项目，我们招商部在每周三下午固定开展沙龙活动，随时有客户随时接待！为了邀约到更多人参加沙龙会，我开通了 BOSS 直聘账号，在里面招聘市场合伙人，邀约参加沙龙会。只要努力，付出行动，总会有收获，我印象深刻的是通过我的邀约，胡彬总加入成立了农鼎慧市场部，刘斌总加入成立了农鼎慧对外合作部（后负责农鼎慧运营部）……由此，农鼎慧不断在壮大！

随着时间的推移，招商部的沙龙活动开办得越来越频繁。如此一来，对邀约的精准度有了一定的要求和挑战，在大家的配合下，每一期都顺利开展。正因为这样，我们对农鼎慧项目的理解也更加深刻，同时，招商部的同事也都能讲解项目，PPT、板书、口述等样样精通，这就是我们的成长。

同时，为了找到合适的合伙人，我也想办法走出去对接资源。例如，跟路演平台梦想俱乐部合作，我在他们那里路演农鼎慧项目，既把公司宣传了出去，又认识了一些朋友。总之，没方法要创造方法，要不断地去摸索、找渠道，我始终坚信，只要努力付出就会有回报！

农鼎慧 & 大潭天宏农业田头工厂正式启动

我记得为了配合市场部工作，我花了两天时间，把全省农贸市场统计出来，当时还获得招商部 200 个贡献值的奖励。我曾经和龚金两个人开车花一天的时间，把黄陂区 17 个农贸市场全部拜访了一遍，成功促成了黄陂百锦农贸市场与农鼎慧市场合伙人签约。再后来，我直接对接签约成功的农贸市场还有长堤街生鲜市场、鑫三飞生鲜市场、百姓生鲜市场等，我的努力付出获得了相应的成果，这就是坚持的意义。

不忘初心，继续前行

2021 年 5 月 9 日，农鼎慧第二场招商会启动，而且是在公司自己的演播厅。农鼎慧从没有办公场地到有自己的主会场，大概也就半年多的时间，发展之迅速，我是亲历者，最有发言权。记得这场招商会，人气十足、人潮爆满，也有不少的合伙人加入进来，我们的团队更加壮大。

再后来，2021年8月，由于疫情反复影响，以及农鼎慧发展的不断调整，招商部工作也暂时停滞了。但是我们的脚步没有停下来，组织生产加工避瘟香囊，整体结果还是很不错的。在农鼎慧，我学会了拥抱变化，从农鼎慧的项目介绍PPT就可以看出，公司不断在迭代升级，截至到现在，已经更新了很多版本！到了2021年八九月，公司花了一个月时间，来统一思想，自上而下的学习，终于又让大家重拾信心，继续努力前行！

到了2021年12月，农鼎慧与中科锐星达成战略合作，正式进入社区帮扶柜试点，打通社区最后一公里的社区提货点。招商部克服困难，硬是把卖菜这个事打通了，通过生鲜引流，链接社会居民，我每天凌晨5点半准时起床，其他同事是半夜2点起床去批发市场进菜，那个时候是冬天，现在想想，真不是一般人能吃的苦，付出总有回报，直到现在社区的帮扶柜还在正常运行，成为了农鼎慧的价值贡献点。

时间到了2022年1月22日，这一天，农鼎慧会对外宣布，正式跟纳斯达克（中国）金融中心牵手，由纳金中心总裁许斌总来全案辅导农鼎慧上市，自此公司开启了全新发展模式！

再后来，在许斌总的带领下，农鼎慧在2022年4月，花了一个月的时间，自上而下做了一次全员学习和能力训练，虽然我不是那个最优秀的，但我的能力也得到了快速提升，无论是1分钟的自我介绍，还是3分钟的公司介绍，以及产品介绍、竞争力介绍等等，只要参加的人，都获得了能力的提高，统一了认知。我也组织并进行了两期业绩翻十倍教练班的课程，并担任班长，教练班的开设为农鼎慧业务的拓展以及人才储备奠定了基础，在这里，大家相互赋能、共同成长。

稳步快跑，走入高速上升期

现在，农鼎慧做社区商业生态，需要跟更多供应链合作，因此，我们也有了更多业务的展开。目前，我们有福利彩票机器人、旗鱼净化菜、小马当先宠物用品、卤虾、雪糕、精酿啤酒等合作品类，以及主营项目中餐机器人及鲜制菜盒代运营，每个合作供应链项目，都能给农鼎慧带来不错的收益。

现阶段，整个公司都在为智能中餐机器人招商在发力。从2022年8月23日，正式对外启动智能中餐机器人招商，农鼎慧的发展迈入新的台阶。为了完成招商任务，我们成立了10个招商渠道和一个全国的招商中心，目前，我们的招商已经处在第三个阶段，以1 000台为目标而冲刺。虽然还是会受到疫情的影响，但是相信很快第三阶段也会完成。针对每个阶段我也没有多想，只知道全力以赴。现在，我除了有投资回报收益，还有拓展投资类客户带来的佣金回报，同时还有股权、期权、贡献值的收益回报，总之，短期、中期和长期收益都有。其实，我们每个人的能力、资源都是有限的，只有紧跟公司发展步伐、紧跟公司发展需要，我们的投入回报率才是最大的。我们大家一起努力，如果农鼎慧能够顺利上市，相信早期参与的投资人，都能有不错的投资回报。

只有农鼎慧好了，我们大家才会好！

区块链引发的社会变革

徐刚　武汉云链科技有限公司总经理　农鼎慧联合创始人

讲到区块链技术，大多数人会理解为一项十分高深的科学技术，很少有人从社会学的维度去理解，区块链到底是什么？意味着什么？

区块链的诞生起源

从区块链技术本身发展的历史来看，2008年，一位名为"中本聪"的学者发文设想了一种"点对点电子现金系统"，并将其命名为"比特币"；2009年1月，这一现金系统的第一个区块（创世区块）诞生，标志着不受央行和任何金融机构控制的比特币问世。

2015年，区块链概念在全球迅速走红以来，各种区块链的产品层出不穷。区块链经济的特征一般被广泛概括为分布式、去中心化和不可篡改。而区块链世界的第一个应用比特币被滥用，一场疯狂的造富盛宴就此拉开序幕。

区块链的壮大发展

2017年，使用以太坊智能合约发行代币的项目多如牛毛。Token发行项目方盛行，但是大多数都是为了"圈钱"的项目。整个市场十分混乱，各种圈钱项目跑路。2017年9月4日，以央行为首的七部门出手正式叫停代币发行。通知指出，任何组织和个人不得非法从事代币发行融资活动。

2018年，也可称为区块链技术的启动元年。在市场狂乱之后，2018年的虚拟货币和区块链会在市场、监管、认知等方面进行调整，回归理性。各国均在积极规范代币募资的行为，监管政策逐渐完善。谋求代币合法合规成了行业共识，欺诈性的代币募资行为在逐渐减少，公众的防范意识进一步增强。

关于区块链技术的讨论开始多起来，票改、无币区块链、链改、通证经济、赋能实体经济等新概念被提出，区块链开始从比特币中慢慢脱离出来。多个行业开始用区块链进行尝试和实验，包括电子发票、版权、货物溯源、司法存证等诸多实例。

区块链走进实体经济

2019年，区块链技术赋能实体经济。有多个行业正在积极研发、应用区块链技术，并逐步走向落地应用。巨头企业也着手布局：国内BAT三大巨头先后进入区块链战场；美国四大银行之一的"摩根大通"也宣布将推出自己的加密货币"摩根币"，在国家大力监管的同时，也出台了一系列的鼓励扶持政策，至2019年1月底，中国各地已设立了20个区块链产业园。习近平主席在中央政治局第十八次集体学习时强调，把区块链作为核心技术自主创新的重要突破口，加快推动区块链技术和产业创新发展。

2022年，12省布局元宇宙，截止3月初，工信部中小企业局明确提出将培育一批进军元宇宙的创新型中小企业，地方政府更为积极主动，出台了不少政策文件。

从产业发展的角度看，经过区块链应用落地的试错和调整，区块链落地应用成效显现出来后，市场将进入竞争和产业整合阶段。这个时间也许是在未来的三五年内。此阶段，区块链技术将在许多领域应用，社会经济文化将发生相应变化，区块链将在全球范围内影响人们的生产生活。

区块链成为大趋势

"区块链社会运动"是科学和技术实现高度融合的运动。因为区块链，创造了科学技术进步的新模式；因为区块链，大数据、云计算、信息技术、人工智能实现了有机结合，形成"集群"。区块链的产业化，产业的区块链化，其本质就是建立以科技主导的产业体系。如果说，过去的人类经济活动主导了科技活动，现在则是科技行为主导经济行为，实现这样的转型，区块链属于充分必要条件。在人类历史上，除了区块链技术，还没有其他技术产生过如此广泛的影响，形成以技术为旗帜的社会运动。从技术角度而言，这个运动还有着巨大的发展空间。

区块链技术引发的社会变革将悄然渗入日常生活。一方面，区块链有助于提高适应大生产协作的信任度，带来有效的确权机制，去中心化打破资本垄断，实现生产关系的新变革；另一方面，区块链通过推动社会结构的新变革，带来组织、社会阶层、治理方式、文化和激励等方面的改变，重建了新的社会结构，实现了整体社会结构的变迁。

走我们自己的运营之路——智慧市场

刘斌　农鼎慧总经办

本人 2003 年大学本科毕业后，在一家国企从事工程师工作达十年之久，2014 年正值生鲜电商元年，一个偶然机会我接触到一个生鲜配送项目——宋小菜，同期还有美菜等融资高达 80 多亿元等同类竞品平台。

宋小菜属于 B2B 自营业务的生鲜电商，围绕解决农贸市场的弊端，客户主要是农贸菜市场里最末端的线下商户，帮助商户省掉复杂、流程冗长的批发商渠道，直接与蔬菜基地对接，降低农贸市场商户采购成本。

在这个项目中，我负责武汉地区前期市场开拓，在 2015 年 5 月左右，我所带领的团队实现土豆单品销量占据武汉市场总销量的一半，随后公司顺利实现 A 轮融资。2017 年加入浦东集团下属数字电商——小六水产，从事 B2B 撮合型电商平台。鉴于丰富行业经验沉淀，2019 年开始自主创业，与农鼎慧业务具备高度类似性，鉴于市场环境产业高度资本化和创业可行性，开始从事"饿了么"智慧菜场生鲜配送服务事业。

当时之所以选择菜市场为定位方向，是因为菜市场是天然的供给舱，SKU 至少有 3 000～5 000 个类目。

前期依托于菜市场众多品类，可以较好地优化我们的采购成本。

因为，前期销量无法确定时，就很难实现以销定产。当销量状况整体明朗时，就可以实现反推供应链，适用于多种生态场景应用，当时主要是依托"饿了么"公域流量想实现私域社群流量转化，最终实现社区商业模式闭环。

在其他同类平台投入巨大资金情况下，平台实现收支平衡，并获得丰富的有价格市场数据。后遇 2019 年新冠肺炎疫情，全国菜市场迎来政策整体改造升级，市场资本进入并开始疯狂补贴模式抢占用户。

后期国家陆续出台支撑私营民营商户经济发展、防止资本无序扩张等相关政策，资本入社区风潮有所缓解。在当时，农鼎慧与资本打法完全不同，并不是与商户抢生意，而是帮市场商贩提升经营效率，挖掘市场增量流量，但当时受疫情冲击影响，创业项目也暂时告一段落。后来，我进入云南宝山集团负责批发市场一期招商运营工作，该份工作经历让我对于上游供应链管理、价格管理以及整个产业链条理解有了全面了解和认知，并在 2021 年加入农鼎慧智慧农贸项目。

围绕田锐董事长的既定战略目标，我们运营工作分为两大方向，一方面，以赋能中心李悦峰总主导的农贸市场标准化 SOP 建设，包括：系统开发、电子秤铺设、市场商户教育、后台数据管理等等，引发我的深思；另一方面，对于菜市场布局发展，实际是对人、货、场的运营整合，实现新兴产业重构。

对于农鼎慧的发展模式，我们几经考量，是走技术型发展平台，还是运营型新模式？

我们一开始就想，什么样的模式较轻？就是那种许多人去做的公司，还是说是一个技术型的公司？这个时候，就联系到我们人、货、场的运营整合。

人就是指消费者，随着互联网发展，消费场景逐步由线下转变为"线下+线上"并存模式，但社区门店本地化运营能力普遍偏弱，最终还是要依靠平台，这也是社区线上平台火热的原因，同时，也对线下门店产生冲击。

然后就是货品货源，由于网络信息的便捷性和透明性，线上商品丰富程度远远高于线下，一般线下商店产品种类无法与线上竞争，线下小店就需要依托平台，通过数字化数据分析，实现科学合理库存，这一切如果没有一套统一标准平台是很难实现的，而在农鼎慧，就创新性地建立了一套 SOP 标准，包括：商品展示、数据沉淀、流程制定等等。

后期，我们将在此基础上进行以菜市场为场域的升级和运营，以团长和社区体验官来深入进去，去嫁接菜市场里面的各个菜品，实现运营标准 3.0 进化，包含自营业务、第三方商户业务，前期依托于菜市场进行采买，土特产单品类嫁接到自营业务里面，并通过慧豆系统联接周边生态，并与社区团长和体验官一起发力提升用户体验。

同时，鉴于目前社区团长社会教育认知程度较高，大幅降低了农鼎慧社区团长的用户教育成本。农鼎慧可以通过每周沙龙等形式建立联系，实现社区运营 3.0 的推进工作。

众所周知，预制菜产业近几年发展迅猛，而农鼎慧借助"鲜制菜+中餐机器人"的组合业务，成为农鼎慧发展的有力抓手，深入围绕菜市场周边相关场景展开运营工作，比如：高校食堂、写字楼食堂、私人会所等等，并根据实际铺设情况和运营情况，农鼎慧出台了包含日常机器使用规范、日常机器保养规范、物流发货流程等等，形成完整标准化作业流程，并联同各个部门高效协同，通过公司赋能部门进行传播，复制给其他城市合伙人等合作伙伴，实现社区商业生态全国加速落地。

在这个过程当中，农鼎慧深切体会到任何市场没有实体经济做支撑，就无法建立牢固的根基，也就无没实现长久可持续性发展。而智慧菜场是农鼎慧做社区商业生态的重要核心，是我们社区商业生态的桥头堡，为此，农鼎慧制定了智慧菜场六大运营标准，包含品类智能化管理、可视化、数字化营销、自控数字化、技术多样化等，而且农鼎慧智慧菜场上线运营后将商户与消费者会员绑定，也是数字化升级的一个表现。

随后，农鼎慧将围绕菜市场进行 60 台机器选址铺设，场所覆盖社区食堂、私人会所、写字楼食堂等，而这些都实打实的是日常生活的消费场景，所以说，未来的互联网商业模式，肯定是依托于实体经济，并且，传统做集合各种功能为一体的绝对中心化的平台，单纯依靠抽佣和服务类型平台，需要警惕市场的冲击影响。

农鼎慧在发展过程中一直在寻找与资本型平台的竞争优势，如何打造一个小而美的平台？与资本型平台拉开差距，实现差异化竞争。比如：在淘宝、京东两方白热化竞争情况下，拼多多一样横空出世，还有现在直播电商的抖音等等，所以说，农鼎慧要充分利好自己的抓手，确定属于自己商业模式，实现差异化竞争，建立自己品牌特色和运营特色，走具有自己特色的运营之路。

裂变增长——产品—平台—生态工作思考

付迪　农鼎慧技术部研发经理

我作为技术部研发经理，想和大家分享一下，在我长达十多年的工作时间中，对产品—平台—生态工作的思考。

说到和农鼎慧的缘分，其实要先讲讲和农鼎慧创始人田锐先生的缘分，我小时候就对计算机产品有浓厚兴趣，这也直接决定了我读大学时，毅然选择了计算机专业，在一次求职经历中，我偶然接触到了田锐先生的公司并开始结缘，从事智能家居方面的技术工作，并早在2012年，我们就发布了智能家居产品，比同期市面上研发生产成本低，受到房地产开发商和家庭消费者的认可。

在2014年左右，国内互联网环境慢慢发生转变，此时，仅仅只是做好互联网产品远远不够，用互联网思维做产品成为未来发展趋势，只有如此，才能打破业务增长瓶颈的怪圈。

比较成功的例子，就是小米公司。小米公司在2014年的时候，在小米MIUI系统里面升级后集成智能家居板块，同时在供应链里面销售自己智能家居产品。如果，此时我们仍靠产品和小米竞争是比较困难的，因为软件或硬件产品只是一个工具，互联网提供的是服务，产品完全是可以借由互联网渠道转化成一种面向用户的服务形式。

同时，田锐先生的思路也在发生改变，由于公司此前就是在做智能家居相关工作，然后，我们的工作重心也逐渐转到社区平台开发相关工作，进行家庭和社区的基础设施建设并完成智慧化改造，并最终接入社区，服务项目包含物业增值服务、家政服务、健康医疗、社区监控、泊车系统等，并完成了湖北省智慧社区数字建设标准撰写，获得行业和政府的大力认可和支持。

所以，大家其实可以看到，现在我们农贸市场相关基础建设有些熟悉的感觉，比如市场 WIFI 覆盖、物联网卡电子秤、商户 SAAS 平台、数据大屏等等，这些都不是偶然的尝试，这都是我们此前在行业摸索的沉淀，只是根据农鼎慧现阶段情况进行调整和完善，在当时，已经形成了"软件 + 硬件 + 互联网"模式，也在该模式下取得了一定成功。

2017 年，社会上普遍在关注"互联网＋"和"新零售"概念。当时，我们也布局社区门店领域，在武汉市完成了 60 多家店面建设，并采用 F2C 商业模式，因为，新零售商业模式在提高产品的流通效率、降低流通成本等方面有诸多的优势，同时，还可以提高平台公信力。

我们首先做的就是渠道融合，重构了人、货、场三个要素，减少了中间渠道的流通环节，因为在传统卖场时代，存在严重的信息不对称的问题，因此获取信息的渠道相当有限，消费者对产品认知比较少，主要是依靠导购员的讲解来影响消费者的购买意愿，这对于消费者而言就存在着信息差和价格差。

而新零售模式，企业平台可以通过互联网，借助人工智能、大数据等先进技术，改革现有的商品生产、流通和销售方式，建立全新的业态结构与生态体系，实现线上渠道和线下渠道一体化运营。总而言之就是围绕顾客需求提供服务，打通线上线下以及物流的运营方式，事实证明该项目也取得了较大成功，年营收突破一亿元。

当时，我们主要采用爆品免费引流、大数据选品、线下体验线上消费、商业模式补贴等形式开展工作。这在农鼎慧现在的青山钢花市场系统中有类似情景，消费者在我们系统中购买产品可以获得慧豆，并以获得的慧豆进行商品购买。

当我们开始做农鼎慧项目时，我们的思维也渐渐由平台思维发展到生态思维，就我个人理解，平台是撮合资源、信息交易或信息互通的场所，生态正是在平台基础上孵化出新的服务或产品，平台可以是"大陆"或是"海洋"，才能为生态提供土壤，但它的特性是必须足够大且稳定。所以说，平台天然就是一个生态基石，比如电商平台、社交平台等。

我们农鼎慧也是一个生态平台，而我们的菜场是我们平台发展壮大的基石，这也是为什么智慧菜场在农鼎慧社区商业生态中具有核心价值，因为菜场改造升级是政府大力扶持的民生工程，也是社区零售主流业态之一，当下全国有近 4 万个菜市场，2020 年菜市场的规模在 138 亿元左右，预计到 2025 年菜市场规模可以达到 6 004 亿元。可以看到，菜场这个基石是足够庞大且安全稳定的。此前，农鼎慧已在菜市场这个天然流量基石之上，进行多个项目孵化并获得成功，这也充分说明农鼎慧社区商业生态发展的可行性。

下面，分析一下农鼎慧社区商业生态平台的一些特点。

1. 去中间化

去中间化方式改变了传统消费者购买某件商品要经过层层分销的情况，降低了生产厂商销售成本和消费者购买成本，让购买更方便，信息更透明，供需双方直接相连，生态圈创新和反应速度同步更新发展更快。就如同淘宝让买家跟卖家直接沟通交流，让卖家充分了解买家痛点，并由此进行创新和产品优化升级，继而推动整个生态发展。

农鼎慧经过智慧菜场改造升级后，并不改变原有商户的销售习惯，而是直接赋能给商户一个 SAAS 管理工具，帮助商户提升服务效率。某些社区平台要求商户必须采购自己供应链上的商品才能进行销售，而农鼎慧给予了商户高度采购自由，也实现了商品多样化和生态消费多元化的需求。这样也助于产生新的爆品，向其他菜市场和社区居民推广。

2. 分布式管理系统

大家知道，农鼎慧要打造的"一万家智慧菜场"是分布在全国各地的，由于地区差异或地区政策差异，导致全国各地消费业态差异化特征明显。如果说，我们要把生态做大，就必然要求它的基数足够大，所以，我们农鼎慧采用分布式管理系统，通过全国城市合伙人招募，在全国进行菜场分布式运营管理，从而打造出一个多元并存的消费场景。同时，每个分布式菜场平台，又向农鼎慧提供了相关菜品交易数据，那么，就可以根据这些数据进行大数据预测爆品商品，并由此展开相关商品的宣传和推广工作。

3. 区块链双通证系统

大家都知道平台最重要的是公信力，为了打造平台的公信力，农鼎慧此前也是经过多番摸索，包括：跟物业公司合作，跟房地产开发商合作，甚至自己开设50多家直营门店，来打造自己的公信力形象。

而现在，农鼎慧现有的菜市场具备天然公信力是我们建立公信力的第一点，第二点就是运用底层的区块链技术来彻底解决共识问题，只要在农鼎慧社区商业生态平台中贡献力量，就可以得到贡献值，然后进行兑换获得回报，没有第三方可以干预，用区块链的分布式账本技术来保障公信力，让大家没有后顾之忧地参与农鼎慧社区商业生态建设工作。

4. 生态平台区域无边界化

区域无边界化也就是我们的边界最大化原则，因为只要生态平台上的业务能够跨界协作，就可以产生新的业务和价值，由此推动平台生态不断繁衍拓展，这样，平台业务范围实际上也是无边无界的。

还是拿小米公司举例，最早小米公司主营业务是手机生产销售，后来加入 IOT 智能家居业务，并随后切入汽车生产业务，这些都是从产品理念向平台、生态理念转变，也说明了生态平台区域的无边界性。

所以，这也是为什么有些朋友看到农鼎慧公司尝试过多种业务，并不是农鼎慧公司找不到前进方向，而正在于农鼎慧社区商业生态平台中是可以有多种业务或生态并存的，这也是一个生态该有的结构。

5. 收益递增效应

大家可以发现在进行菜场建设的过程中，农鼎慧并不是传统地向菜场商户进行商品销售或服务销售。而是以免费的形式去铺设农鼎慧的中餐机器人、电子秤、市场 WIFI 覆盖，因为农鼎慧追求的不是眼前的短暂收益，而是长期的收益递增。

虽然我们的机器铺设是免费的，但机器铺设完成后就会产生数据，还有我们的显示屏广告业务、其他增值业务等等，而这些长远收益都是从我们铺设机器开始。这就好比人类进化，人类从爬行动物进化成直立行走动物，直观上感觉只是完成了从爬行到直立行走的转变，但其实已经具备了其他多种能力，这就是收益递增最大化最直接的例子。

最后想说一下，经过这么多年的工作经历感悟，我们一个人做某些事情可能做得很快，但当大家一起去做这件事情时，可以把这个事情做得很远，也希望未来有更多合作伙伴加入我们，一起为农鼎慧生鲜全产业链安全闭环和社区商业生态建设贡献力量，同时你也可以获得丰厚的价值回报。

农鼎慧上市，是成就体系中企业系列上市的先锐之策

朱利雄　采购部经理

我有着比较丰富的大型公司管理经验，曾经从事上市企业医疗投资项目管理，高峰期间，管理全国23个医疗投资项目，有接近14年的高端科研装备行业的销售管理经验，现在跟随总经理田锐从事智慧社区运营和公司采购统筹工作。

今天，我将围绕农鼎慧的公司定位、商业模式、核心能力、业务发展、客户群体等，展开我的分析。

很多刚刚接触农鼎慧公司不久的朋友，就知道农鼎慧是一家SAAS运营平台，在这个SAAS平台运营过程中，必然需要建设一套大型的供应链管理平台，包含：供应商准入管理、供应商信息管理、供应商协同管理、供应商在线评价、供应商考核标准五个方面。

之所以在开篇介绍SAAS平台相关内容，是因为农鼎慧提供的资金、建设发展规划是在给农鼎慧SAAS平台中的供应链供应商、服务商提供产品和提供服务的从业人员带来持续的红利。之所以讲定位商业模式、核心能力、业务发展和客户群体，其实，就是解答今天为什么农鼎慧上市将会成就众多体系内企业品牌上市的汪洋大海。

凭借多年工作经验，我得出一个结论，建设大型的供应链管理平台，有助于规范供应商的行为，管控供应商的动态，为公司的决

策提供重要的信息支撑；同时，平台公司通过供应链平台的管理，能够增强管控的力度，提高采购的协作能力，在整个建设过程当中，匹配供应商的在线评价，对供应商进行在线的科学的评价和控制，寻找供应商的优缺点，实现在线评分，快速找到最佳的供应商，提高采购的运作效率，加入供应商的考核与淘汰，可以很好地做到成本和质量控制，对于不合格的供应商实现优胜劣汰，使整个公司在采购管理流程当中，变得更加快捷、高效和透明，加速企业的供应链平台的数字化转型升级。

对于农鼎慧的长期发展、对于持续提供产品和服务的众多的志同道合的共建者们，不管是我们的源头基地，还是我们单一产品的提供者，建立这一套供应链的管理模式，其实就是给大家提供一个规范管理，让参与者行为习惯符合我们农鼎慧在上市过程中不断建设当中形成的标准，农鼎慧上市自然而然在齐头并进的过程当中，它必然会把自己的管理规范，潜移模化地渗透到我们每一个供应商体系内，那么，一直跟随农鼎慧上市进程的供应商们，必然会获得农鼎慧的上市红利。

在以往的介绍中，不少朋友可能对农鼎慧 S2B2C 商业模式有所了解，三者之间互相联动并自带驱动力，在整个交易链条当中设置了多种的交易场景，S 是农鼎慧的源头的供应商，比如：蔬菜基地等；B 端参与者包括智慧菜场商户、机器铺设点位运营商、餐厅经营者等等线上线下交易场景；C 端就是整个链条末端消费使用场景的消费者，所以说，整个产品服务的交易路径，就是为丰富 C 端交易的场景而搭建的。

众所周知，任何交易设定必然是有特定的商业交易模式，农鼎慧所创立的 S2B2C 商业模式可以适用多种应用场景，在农鼎慧社区商业生态中都能找到相应产品定位，而这与农鼎慧三大核心能力有直接关系，它也直接解决了 S2B2C 商业模式能够适用多种场景分布式安全运营,分别是社区商业生态平台生态理念,保障农鼎慧社区商业生态快速落地发展;区块链技术双通证核心技术壁垒,保障社区商业生态流通数据透明性和安全性,同时,保障所有参与者收益公平性;最后,是基于核心体验官的社区分销体系,建立覆盖菜场周边社区的完整的服务。

我们大家都能够想象得到,任何一个企业要想获得长足发展,特别是追求上市这个路径的话,企业上市肯定是需要有一个稳定的业绩做支撑,一个长期的获利能力,这样,才能够稳定获得资本市场的青睐,享受资本发展的红利。

而农鼎慧社区商业生态体系中的参与者之所以能够实现稳定长久的分销服务,最重要的就是在农鼎慧社区体系的分销中,农鼎慧拥有长期稳定的团队建设和持续细致的社区核心体验官分销体系建设,包括核心体验官长期维护、会员搭建交流、社群维系等。

所以,可以看到农鼎慧通过搭建社区商业生态并且利用自身优势完成上市规划之后,在这个体系当中的供应商、服务商、城市合伙人等等,都会享受到上市红利。在上市之后,引入社会资本,并且帮助农鼎慧公司提高行业地位,从而进一步拓宽农鼎慧生态建设,使在这个体系中的合作伙伴可以源源不断地享受农鼎慧生态红利。

在现阶段,农鼎慧的工作仍然围绕"占菜场、铺机器、卖菜盒"展开,并提出未来三年的工作目标是要建设一万家智慧菜场,一万家智慧菜场意味着每个菜场至少有50家商户,一万家智慧菜场意味着至少有50万家商户,每个商户配套一个智慧溯源秤,那意味着农鼎慧将至少拥有50万台屏幕广告资源,这对于农鼎慧将是另一项持久的巨额收益。

另外,拿农鼎慧机器铺设来说,通过简单测算就可以得出,每个菜场周边铺设60台中餐机器人和10台团餐机,以每2台为一个运营点,农鼎慧就拥有了35万个运营点。同时,在农鼎慧社区分销体

纳金中心（中国）执行合伙人与武汉和平科技集团总裁莅临农鼎慧

系中，在每个菜场周边，农鼎慧建设了 10 个社区团购团团长，一万个菜场建设完成后农鼎慧就拥有 10 万个团长，拥有 100 万个体验官，最终拥有 5 000 万会员，这些都将成为农鼎慧宝贵的资源，助推农鼎慧商业梦想实现。

对于跟随农鼎慧一起成长的产品供应商和服务提供商而言，未来农鼎慧上市以后，农鼎慧生态持续壮大，农鼎慧会将所拥有资源反哺给供应商和服务商，提供其产品和服务消耗使用的场景，共享农鼎慧生态红利。

并且在这个体系内，供应商可以根据自身情况选择适合自己的业务模式，所以，也可以看到农鼎慧社区商业生态是个开放包容的平台，已经完备建设完成商业模式、运营定位、核心能力、业务发展等相关框架的搭建，只要你拥有一定条件与资源就可以加入到农鼎慧生态体系中，与农鼎慧共享时代风口、共享时代红利。

11.2 合伙人

跟对一位务实笃行的领路人，选择一份可以助人的事业

鲁毅　农鼎慧生态深圳中心负责人、深圳地区城市合伙人

我觉得是农鼎慧董事长兼创始人田锐先生的务实落地、亲力亲为，深深地打动了我。

(1) 得道多助，缘起共识

在农鼎慧来深圳设立鲜鼎慧公司开业那天，我认识了鲜鼎慧，也认识了总经理田锐，在后来不断跟田锐先生的交流过程中，对农鼎慧的过往和鲜鼎慧要做的事业有了一个初步了解。

因为多年从商经验，我直觉上就认定这个事情一定可以做，但具体怎么做、做什么？那时候也并不是很清楚。但是好机会不等人，后来我就果断选择加入到鲜鼎慧成为了一名城市合伙人。

从那时候起，田锐先生就经常往返于武汉深圳两地，很多时候，十几个小时的车自己一个人开来回，而且都是亲自去跑深圳的生鲜基地供应链、净菜加工厂，每次我都会陪着田锐先生一起过去，在不断地跟供应链各个环节交流、沟通的过程中，我对供应链体系有了进一步的深入了解，也对我们鲜鼎慧的安全标准更加认可了。

我从一个迷迷糊糊的生鲜消费者，变成了一个业内人士。真正理解了食品安全问题确实是一个大问题。原来，目前我们身边越来越多的慢性病甚至各类癌症，其实病从口入，真的都是有根源的。

但是我们怎么样在深圳把鲜鼎慧的这些现成的方案去落地呢？虽然农鼎慧在武汉的成功经验是从智慧菜场改造入手，智慧菜场是我们的核心资源，相信未来我们引入了有菜场资源的合伙人，也可以轻松把这个板块快速落地。但是，根据我已有的资源与经验，我决定从终端智慧餐厅入手。

因为鲜鼎慧做的也是中餐智能化供应链体系，我准备按照鲜鼎慧的构想，去做一个标准的智慧连锁中餐厅，随着我们一步一步把中餐厅前端的产业链、供应链完善后。经过几个月的筹备，"吾大厨"智慧餐厅 2023 年 9 月 21 号在盐田区正式开业了。

在试营业的几天里，"吾大厨"每天自然流 150 多人，并且已经收获了一大批忠实粉丝的心：有食客在 4 天试营业期间连续光顾；一对年轻父母在了解了鲜鼎慧鲜制菜盒的安全性后，每天都带小朋友过来用餐，直接将"吾大厨"当成了家庭食堂；甚至还有机构人员在品尝菜品后，与"吾大厨"签订了团餐配送。

中央厨房去除农药激素重金属残留达 99.6% 以上，全程无菌不粘手，比妈妈手洗还安全，"放心菜、放心吃、超便捷"成了"吾大厨"的核心卖点，而且因为机器人餐厅的成本控制，我们的价格还能做到非常有竞争力，社区食堂名副其实。

(2) 但行好事，莫问前程

餐厅的落地为什么会选择盐田区？盐田在我们深圳的各个区中，经济并不是最发达的。因为，我本身还有一个产业是做新能源的，我是做新能源重型卡车，我的客户群体大多数都是在盐田跟蛇口东西部两个港口，他们主要都是物流企业。

这些物流企业的货柜车司机在深圳大概有 4 万多个，4 万多台的车,每天将近有1万辆的车次进出整个深圳港口,也正是这些货柜车司机承担起了深圳所有的进出口的货物,乃至是整个广东省,包括周边省份的进出口的货物的运输,也是他们保证了城市的经济能够正常地运转。

但是,货柜车司机这个行业,有着不为人知的辛苦。集装箱海运的时间都有很严格的把控。为了能够把他们的集装箱准时地送到我们的外轮上,吃不上一口热饭是他们的日常,为了能省钱,他们很多时候吃的饭都是路边小作坊出品,卫生情况可想而知,安全更是奢望。

其实,我也跟司机交流过,我说他们平常吃饭问题是怎么解决的?他们说有的时候,码头门前有一些送外卖的,拿着一个泡沫箱,骑着电动车去卖。这些菜味道确实难以下咽,但价钱也便宜。

我问他们平常经常这么吃吗?司机说:"很多时候我们宁愿饿着,那些盒饭不好吃也不安全,我们就提了货之后开到哪儿,随便吃一口就算了。"但事实上,市区根本没有大货车停车的地方,这些司机们的三餐往往是饥一顿饱一顿……

什么是生活的幸福感?最基础的生命需求就是有吃有喝、健康快乐。而吃不好很可能就是年轻的时候拿命换钱,老了拿钱买命,凄凉而悲哀。我接触的这些司机群体,他们是保证我们整个社会经济能够正常运转的基础劳动者,他们的贡献默默无闻却不可或缺。

鲜鼎慧的愿景是"守护十五亿人餐桌安全",其实,落地到现实生活就是自己和我们身边千千万万的普通人,在我的身边,有了鲜鼎慧的支持,我可以出这么一份力,让这些底层的劳动者们能够有一个安全便捷、美味可口的快餐,所以我选择把第一个餐厅开在了盐田区。

餐厅开业以后,我也请了这些司机师傅,还有包括他们物流公司的老板过来品鉴，大家吃了之后，反响非常不错，首先觉得我们菜的味道非常好，这也正是我们所说的，就是标准化体系。然后给他们讲解了食品安全后，得到了他们由衷的认可。

(3) 不拘一格，殊途同归

深圳第一现现场节目也对我们的智慧餐厅做了报道，我相信，这个餐厅只是在我作为城市合伙人，在深圳落地的第一个起步的餐厅，也是我在鲜鼎慧事业的第一步，是一个窗口，同时，未来我们也会把中餐机器人、团餐机器人落地赋能给其他有需要的传统餐厅。

机器人我们免费铺设给他们，帮助他们降本增效。可以节约至少65%的运营成本，让老板们在目前的经济大环境里也能赚到钱，好好地存活下去。让消费者吃到更安全健康的快餐。我们的吾大厨就是一个最好的样板，餐厅只有两三个服务人员，不用一个大厨，却能在高峰期快速接待几十人、上百人同时就餐。

我们也会通过智慧菜场的安全体系，把智慧大厨和安全菜盒带入千家万户。"守护十五亿人餐桌安全"是一个宏伟的目标，但是，我会从我做起，从小事做起，先把深圳的食品安全做好。

深圳鲜鼎慧团队伙伴

去做一些难而正确的事情，这就是鲜鼎慧一直以来做的。确实也是"守护十五亿人餐桌安全"这个宏伟的愿景，为鲜鼎慧吸引了无数志同道合的伙伴。鲜鼎慧在深圳的启航才刚刚开始，能成为第一批加入进来的伙伴，我觉得自己非常的幸运。

深圳这个城市，包容、多元、充满朝气和活力，我相信鲜鼎慧一定会在这里得到长足的发展。我们深圳的城市合伙人，也一定会与我们整个鲜鼎慧全国的城市合伙人一起携手共进，共同来实现鲜鼎慧"守护14亿人餐桌安全"的伟大愿景。

农鼎慧身体力行 "守护十五亿人餐桌安全"

葛冠辰　农鼎慧生态北方中心负责人、沈阳地区城市合伙人

很高兴以这种形式和各位朋友见面，之前和我有过接触的朋友知道，我在一个警察世家长大，所以，在我整个教育体系中都遵循严谨的思维模式，这也就锻炼了我在看待一些事情、接触一件事情的时候，我都要考虑它的本源，也就是透过现象看本质的能力。

加入农鼎慧的初心——食安

说实话，在刚刚接触农鼎慧时，我并不是十分了解加入农鼎慧后具体要做什么，因为农鼎慧社区商业生态是一个庞大复杂的系统，对于刚刚接触的朋友来说很难完全理解。但当我在农鼎慧参加培训、深度学习之后，我对农鼎慧现有了全新认识，其中最吸引我的就是农鼎慧"守护十五亿人餐桌安全"的伟大愿景，我也是十五亿人的其中一员。

作为孩子的父亲，此前对于影响孩子健康成长的食品安全觉得束手无策，但现在我觉得我有能力、也有信心让我的孩子吃到健康的、放心的餐食，这也是我决定投入这一事业的初心。

在接触农鼎慧之前，我的足迹遍布祖国各个城市，见证了太多的企业平台、商业模式，但要实现企业和事业源源不断持续发展的产品少之又少，即使碰到一两个这样的平台，我们还要考虑其能否

长期发展，所提到生态、产业链能否实际落地。所以当我了解到农鼎慧社区商业生态时，第一感觉这不是一家民企能够完成的事业，这至少是一家上市公司才有能力完成的事业，比如像京东、淘宝这样的互联网巨头，都在布局社区经济。

但事实情况是农鼎慧确实做到了，做到了一个以"一万家智慧菜场"为核心的社区商业生态，并以智慧菜场为核心展开事业。

社区商业生态核心——菜场

说到智慧菜场建设，这不是农鼎慧凭空想象而下的决定，而是依据国家政策要求建设发展而来。2023 年 5 月 5 日，大连市政府相关部门拨专款 7 000 万元用于改建大连农贸市场，并且要求九月改造完成，菜场验收合格给予 300 万元补贴，所以可以看出这是一个国家的行为和意志，不会以个人意愿为转移的，智慧菜场建设是未来长期趋势。同时在乡村振兴的背景下，蔬菜基地、田头工厂、净菜工厂等农业基建设施在全国范围内落地成熟，预制菜成为重要代表产品之一，所以可以看到在农业二次工业化大背景下，农业相关产业提档升级发展已经成为大势所趋。

同时，随着我国数字经济在国民经济中的比例越来越高，未来数字经济发展前景是不可预估的，将会产生巨大价值。而农鼎慧现在所打造的生鲜全产业链安全闭环，也是数字助农的高速公路，这里面包括农鼎慧溯源系统、支付系统、操作系统等共同发力。那么有了国家政策支持、有了这些技术系统、有农鼎慧能够实际落地整套技术方法，让这些数据产生实际价值才是根本。

具体来说，农鼎慧生鲜全产业链安全闭环中的田头、田头工厂、净菜工厂等各个场景都会产生数据价值，更为重要的是，站在餐饮安全体验角度来说，农鼎慧所有菜品都源头直采，并且只有三五天保鲜期，不添加任何的防腐剂，保障绝对的安全，只有这样才能长

农鼎慧鲜制净菜工厂正式启动

久、真正地保障食品安全，同时源源不断产生实际价值，推动整个生态长期蓬勃发展。

那么在整个生态过程中，还是始终围绕智慧菜场展开布局，并且智慧菜场紧紧辐射周边社区，从而让农鼎慧社区商业生态更好发展。在这个过程有两个重点关注点：一个是生鲜全产业链安全闭环的B端闭环；另一个点就是我们生鲜全产业链安全闭环中的C端闭环。我相信随着农鼎慧家庭版中餐机器人的出现，未来会改变很多人的餐饮方式，尤其是可以很好地解决年轻人做饭难的问题，也意味着这将产生巨大价值和无限的前景。

在整个数字高速公路运转过程中，农鼎慧生鲜全产业链安全闭环实现了三个统一：首先是溯源码统一，在农鼎慧生鲜全产业链安全闭环中，各个场景所发生数据信息，都被完整地记录在区块链数据链条上，可以保证生态过程数据性和安全性；其次是菜品标准化统一，对于每道菜品可以进行统一标准化生产加工，保障菜品安全卫生，但同时也可以结合区域特征进行调整，更加适合当地居民生活习性；最后是数字平台统一，农鼎慧自主研发打造的数字平台统一，将生鲜全产业链安全闭环各端紧密连接，为生态高效运转提供强大技术支持保障。

然而，这一整套生态，农鼎慧历时三年时间才完全打通落地，但到了沈阳只用了一个月时间就顺利落地运营，这说明了农鼎慧生鲜全产业链安全闭环的可落地性和易操作性，这同时也说明这套系统的创新性和优越性。

三大运营理念全国落地

农鼎慧之所以能够将这套生鲜全产业链安全闭环落地全国，一个重要的原因是农鼎慧采用的是生态的理念，生态理念中各个城市合伙人的关系，不是传统模式上的代理加盟关系，与农鼎慧总部是平行关系，而不是下级加盟商，彼此间只有是平行的关系，才能保障利益公平和生态长久发展。这样一来等沈阳落地成熟之后就可以平行复制到另一个城市地区。农鼎慧目标是"守护十五亿人餐桌安全"，作为城市合伙人的我来讲，我守护的是沈阳900多万人的餐桌安全，也正是有这么多个城市合伙人，多方力量相互赋能，才能共同实现"守护十四亿人餐桌安全"伟大愿景。

第二个是分布式理念，在我看来分布式理念可以更好地促进生态本地化发展，在分布式理念中综合运用当地资源进行整合，并且产生的所有交易信息、税收、就业岗位都是为当地居民服务，满足当地税收等政策要求，这样可以保障落地的安全性和得到政府大力支持。同时分布式理念让每个地区生态系统是相互独立的，当某地生态系统出现问题时不会对其他地区生态系统产生影响，保障整个生态长久发展。

第三个是产业链理念，在前面内容中我说过生态建设需要耗费大量人力、物力、财力，往往是国有企业，至少是一家上市公司才有能力支撑，因为一份健康菜品从田间地头至端上餐桌需要经过复杂的工序流程，这也就导致产品附加值在不断提升，从而消费者需要付出更高的购买成本。而农鼎慧创新性打造的生鲜全产业链安全闭环，通过植根田头地头实现源头直采，打造了"田头地头——田头工厂——净菜工厂——智慧菜场（社区冷藏提货柜）——中餐机器人"的闭环安全运转，完整紧密的供应链体系大大降低了菜品采购流通成本，提升了城市合伙人的市场竞争力，帮助城市合伙人收获产业丰厚回报。

三大核心能力占据菜场

此外我想重申的是，目前我们的核心工作仍是围绕占菜场展开的，这个工作安排不是随意而定的，而是因为国家要求在 2025 年之前完成所有国营菜场改造，2025 年之后就没有了菜场改造机会，所以前期必须尽可能多地占领菜场资源。在占据菜场的过程中，农鼎慧拥有一套完整的建设及运营方案，帮助农鼎慧更好地完成菜场建设及后期运营工作。

首先农鼎慧是免费提供软硬件设备完成菜场智慧化改造的模式，迅速与存量的菜市场进行合作，迅速地搭建智慧菜场的运营体系，是国内唯一能免费提供建设方案和免费提供运营服务的公司。

农鼎慧以区块链技术作为底层数据支撑，保护链路数据安全；通过贡献值的经济模型来进行利益的二次分配，保障所有参与者的收益安全；利用区块链双通证系统来建立运营的核心壁垒。

最后是每个智慧菜场周边的社区都建立了基于核心体验官的社区分销体系，来覆盖完整的社区服务。

更为重要的是，农鼎慧会对所有城市合伙人进行为期五轮总共 15 天的系统化培训赋能，帮助城市合伙人更好地理解每个细节，助力本地生态快速落地发展。在沈阳生鲜全产业链安全闭环落地过程中，我本人亲眼所见，每天都在有新变化、新进展，包括菜场签约、工厂签约、菜盒销量变化、用餐人数增长等等，都是最直观的进展。当然除了沈阳团队自身努力之外，也离不开总部的鼎力支持，包括农鼎慧北方支持中心。同时经过这次亲身体验，我也相信在总部不遗余力的支持和三大支持中心的帮助下，农鼎慧以"一万家智慧菜场"为核心的社区商业生态定能早日实现，同时也希望更多有志之士加入我们，携手同行，收获时代风口红利。

社区商业生态，塑造新型商业模式和财富的摇篮

瞿爱华　农鼎慧城市合伙人、江苏鲜鼎慧董事长

各位朋友大家好，能够以这种方式与一些老朋友重逢，同时结识新朋友，对我来说是一种无比荣幸的经历，我心情激动且充满希望，因为，我们正身临着商业领域百年来未见的大变革。而以安全和体验为核心的社区生态服务商业正在崭露头角，它即将开启一个全新的商业时代。

同时，这个时代的来临充满了无限可能。我们可以见证商界的重大演变，见证新的商业模式和理念的崛起。这是一场商业的转折点，一个值得我们期待的时刻。我们有机会参与塑造这个新时代，为社区生态服务商业的建设贡献一份力量，来践行"守护十四亿人餐桌安全"的伟大愿景。

社区商业生态——重塑社区经济新篇章

我们聚集在这里，看到了农鼎慧十年数字社区沉淀、三年生鲜全产业链安全闭环成功落地，最终打造社区商业生态的诞生。在这个过程中借助 S2B2C 商业模式复制到全国，而江苏鲜鼎慧是在湖北农鼎慧总部的生态理念、分布式理念和产业链理念的基础上发展壮大的，以数字菜场为核心，以智能中餐机器人为产品呈现，为社区带来了更便捷、高效的用餐体验。相关技术的引入，不仅提高了服

务的效率，还为社区居民提供了更多的选择，不仅促进了社区内部的经济活动，还提升了社区的整体生活品质。

同时，江苏鲜鼎慧的使命不仅在于提供便利，还在于建立更加紧密的社区联系。他们的努力不仅是为了推动社区商业生态服务，更是为了拉近社区居民之间的联系，为社区创造更多的机会，共同分享成功和欢乐。

在这个新的商业时代，我们有幸成为这一革命性变革的见证者，江苏鲜鼎慧的发展将为我们带来更多的商机，同时也将改善我们的社区生活。让我们一起期待并共同努力，见证农鼎慧社区商业生态服务的崭新篇章的展开。

农鼎慧的创新发展理念不仅仅是技术上的突破、行业的沉淀、团队的凝聚，更是对美好愿景和对社会高度责任感的体现。在当前中国经济增长放缓的背景下，各行各业都受到经济增长乏力的影响，无论是从产业链的起点、中间环节，还是终端，都似乎已经达到了极致。因此，唯有通过产业链的创新，才能找到出路。

现今，农业的二次工业化已经成为未来发展的必然趋势。未来的机会蕴藏在农业的工业化进程、餐饮供应链的整合以及社区生态服务的发展中。俗话说，"民以食为天"，餐饮行业一直是中国的强烈需求领域，同时，也是少数普通人可以创业和就业的黄金领域。

想象一下，我们有机会创造一个只要人们吃饭就有钱赚的生态系统；只要人们消费，就能创造利润。这个前景非常美妙，充满兴奋。

农鼎慧——多方力量共建商业奇迹，共享时代财富

首先，江苏鲜鼎慧是资源的汇聚地。我们目前致力于构建生鲜全产业链安全闭环，这包括蔬菜基地、田头工厂、净菜工厂、智慧菜场、智慧中餐厅、中餐机器人，以及正在发力的社区生态C端机

器人等多个领域。我们的产业涵盖了第一产业的农业、第二产业的工业和第三产业的服务业，因此，这不是一家公司可以单独完成的任务。显而易见，我们需要汇聚各方资源和智慧，以确保每个人的资源能够得以有效利用，同时，江苏鲜鼎慧也能够使各种资源实现协同效应，放大经济效益。

农鼎慧、江苏鲜鼎慧欢迎各位朋友，以及来自不同领域的资源，一同加入我们，一同共创一个崭新的商业传奇。我们相信，只有汇聚多方资源，才能实现我们的愿景，建立完整的产业链闭环，为社区提供更好的服务，促进农业的发展，同时创造商业上的成功。我们相信这是一个共赢的机会，让我们共同努力，创造一个繁荣和创新的未来。

其次，江苏鲜鼎慧是人才的汇聚地。我们的目标是借助生鲜全产业链安全闭环打通通路，建立社区商业生态服务系统，这一事业需要各类不同技能和才能的人才，以解决当下社会面临的就业难和创业难等难题。我们欢迎各种不同背景和能力的人加入我们的团队，无论您是普通的服务员，还是企业高管；无论您是从事普通技术工作如采菜工，还是高级的软件开发工程师；无论您是核心的大妈体验官还是年轻的网络招商经理，我们都需要您的贡献。

这是一场伟大的商业革命，每一个产业链环节都需要升级，价值链需要重新构建。只要您有共同的愿景和志向，就可以融入江苏鲜鼎慧的平台。在未来的五年中，江苏鲜鼎慧致力于培养1万名创业老板，为10万人提供就业机会，共同打造繁荣和成功。我们诚挚地邀请您加入我们的行列，携手共创辉煌。无论您的背景和技能如何，都有机会为这一伟大事业的实现贡献力量。我们相信，只有凝聚各种才能和智慧，才能创造一个更加繁荣和机遇丰富的未来。让我们一起迎接这个激动人心的时刻，为社会创造更多的机遇，同时为自己的成功创造更多的可能性。

农鼎慧南京城市合伙人启动大会圆满成功

最后,江苏鲜鼎慧也是资金的聚集地。创新和发展离不开资金的支持,无论是数字助农高速公路、中餐供应链,还是社区商业生态的建设,都需要充足的资金。我们坚持着"民建、民投、民享"的生态发展理念,充分利用产业链中产品的前后价差优势,并拥有足够庞大的市场容量,能够满足各种资金需求。通过巧妙地整合农产品供应链,从生产到餐桌、再到家庭,我们实现了全产业链的高现金流和高毛利率,远超市场上所有理财产品的收益率。这让江苏鲜鼎慧快速成为了老百姓轻松创业和稳妥投资的优质项目,在湖北武汉等地区几乎成为一块抢手的香饽饽。

江苏鲜鼎慧的市场才刚刚开启,前期红利巨大。我们欢迎各种不同资金的投资者,共同分享这个潜力无限的商机,实现共同富裕。在这个充满机遇的时刻,您可以将您的资金聚集在这里,共同助力江苏鲜鼎慧的发展,为社区提供更多的便利和服务,同时实现您自己的财务目标。我们相信，通过资金的有力支持，我们可以共同创造一个更加繁荣和成功的未来。不论您是个人投资者还是机构投资者，都有机会参与到这一令人振奋的事业中。让我们一起携手前进，共同开创新的商业传奇。

在我看来，江苏鲜鼎慧不仅仅是一家企业，更是一个梦想的承载者。我们相信，在这个百年商业变革转折点，我们积极参与进来，共同建设一个全新的商业体，让智能技术改善我们的生活，让我们一起在这个伟大的事业中，创造更美好的明天！

城市合伙人的工作经验分享

邓委　农鼎慧宜昌城市合伙人

我与农鼎慧的结缘

作为农鼎慧宜昌城市合伙人之一，我也是一名法律工作者，已经从事法律服务工作20多年，也曾在法院系统工作4年多，接受当事人的委托、法律咨询和政府部门的委托案件1 000件以上，所以，我对各个行业的走向及政府每年的新政策的制定及实施都非常的关注。

知道农鼎慧是在2022年5月，当时公司的副总经理周凯和连洪总到宜昌找到我，介绍了农鼎慧这个项目。而我当时对这个项目并不是很了解，只是知道这个项目涉及到民生，应该是个不错的项目，可是具体怎么做好，我也是个门外汉。

但是，我对新鲜的行业和事务都会抱着多学多问的原则，当时副总经理周凯和连洪总走后，我就直接找到了宜昌市商务局的副局长，了解了一下关于农贸市场的现状及相关政策，当时，周局长和负责农贸市场的科长跟我详细介绍了一下。

原来，在2019年，宜昌市政府就拿出1亿元对宜昌城区49家农贸市场进行了基础建设的改造及追溯系统的建立，对于智慧化的农贸市场升级改造，也只完成了1.0的初级升级改造，之后政府也没有人力及财力再来进行后期的智慧化升级维护及运营，更没有人懂得如何运营。而我当时听完领导介绍后，感觉非常兴奋，农鼎慧这个项目正好既可以解决政府难题，又可以结合各种社会资源；既可以提升农贸市场的智慧化管理及运营，又能为政府收集大数据，更能让农贸市场的商户及老百姓享受到更多实惠和利益，于是在2022年5月20日，我就加入到湖北农鼎慧城市合伙人的大家庭，正式成为了宜昌城市合伙人，通过一个多星期的强化学习和一个多月的市场调研，在2022年7月，宜昌农鼎慧科技有限公司正式成立。

分享城市合伙人的工作方法及经验

1. 了解城市的主管部门及农贸市场的基本情况

宜昌的农贸市场是由市场监督管理局及商务局共同进行管理的。宜昌的农贸市场大致分为三大类，一部分属于国企，一部分属于集体所有，一部分属于私人所有。有针对性地改造农贸市场，最好是自带流量的农贸市场，不是盲目地去改造所有农贸市场，且改造农贸市场必须找有影响力的合作伙伴。

2. 了解社区在农贸市场及社区经济中的主要作用

农贸市场对保障供给、平抑物价、促进城乡特别是郊区农村经济发展有着很大促进作用。

社区在行政文件中一般是和居委会联系在一起的，也可能包括好几个小区。在农村，则往往和村与生产大队联系在一起。

社区经济和社会发展的作用主要表现在：

（1）通过兴办第三产业，方便城市人民生活，从而提高人民的生活水平，改善人民的生活质量；

（2）推动社区教育、社区卫生、社区文化、社区公益福利事业等各项社会事业的发展；

（3）使城市经济结构更加合理化；

（4）街道和居委会的经济实力得到增强，城市基层组织的自我组织和自我发展能力增强，从而更有效地开展各类社会活动和兴办各项社会事业；

（5）分担了城市体制改革和国有企业改革的风险，减轻了因改革可能带来的社会动荡。

在了解农贸市场和社区在社区经济中的作用后，我们就可以在改造农贸市场的同时建立起我们的社区体系，发展我们的社区群的创建、周边信息库的建立、核心体验官及团长，从而更好地利用社区平台服务到老百姓，也可让公司从中获利。

在疫情期间，各大餐饮行业都受到影响的情况下，在我们宜昌有很多社区及开发商都开始建立幸福小食堂，主要功能是解决员工、孤寡老人及特困家庭、老百姓和一些志愿者的用餐问题，这也正好给我们公司的产品智能炒菜机器人提供了发展的平台，我和几个社区的领导谈过，智能炒菜机器人的铺设既能节约层本，又能解决单位员工、老百姓、孤寡老人及特困家庭吃饭的社会问题，也得到了社区领导的高度认可，因此，社区经济必将是未来的一种发展趋势。

3. 了解各地政府和银行的相关政策，积极签订战略合作

2019年，宜昌市政府出资1亿元进行对农贸市场的基础建设及改造，其中，对于追溯软件升级改造是400万元，2023年对于农贸市场在文明创建中又给予了一部分补贴，每个区是几十万元，在农贸市场的改造达标以后，通过市场监督管理局给予农贸市场补贴，这说明国家对农贸市场的改造是非常重视的，而且每年都会有一部分资金用来补贴农贸市场，那么，农鼎慧公司在给农贸市场进行智慧化升级改造的同时也帮助了农贸市场完成达标，这也给农贸市场创造了额外的收益，这也充分说明农鼎慧公司在解决农贸市场改造和运营问题上的重要性，这也与城市合伙人的收益息息相关。因此，作为城市合伙人对于当地政策的变化一定要及时掌握。

宜昌市每年都会有一部分资金用来农贸市场补贴

我在与建设银行洽谈战略合作时了解到银行在每年投入的开通商户及聚合支付这块业务中,有很大一部分活动经费,农鼎慧公司在改造农贸市场的同时,也能帮助银行加大储蓄量,增加储数量户,对银行开展业务有着巨大的贡献及重要性,这得到了银行方面的认可。因此,作为城市合伙人应当首先签订一家银行作为战略合作伙伴。

4. 食品安全和闭环

食物是人类赖以生存的物质基础,食品安全是一项关系广大人民群众的身体健康和生命安全的"民心工程"。"民以食为天,食以安为先"。在我们推广智能炒菜机器人和鲜制菜业务的时候,如何做到食品安全及闭环?

我们要在当地找到最安全的生鲜食品的渠道,就是中央厨房,中央厨房必须是依照《中央厨房许可审查规范》设立的企业,归根结底是统一采购、加工新鲜产品的地方。中央厨房的优势是可以统一配送,也可以集中采购、生产、控制价格,保证食品安全卫生,提高商品附加值,实现企业利润最大化。同时,签订中央厨房的战略合作也可以拓展我们自身的业务。

我的合伙人工作总结

通过这几个月的学习及工作实践，目前，宜昌已经完成了一家农贸市场的改造，5家农贸市场的改造正在洽谈中，中央厨房已经签订战略合作协议，建设银行也已谈定战略合作方式，宜昌农鼎慧公司也成立了自己的品鉴室、智能炒菜机器人的招商，2024年也将完成二三百台的招商、15家农贸市场的改造。虽然受疫情影响，但我相信，在不久的将来，宜昌农鼎慧科技有限公司会紧随湖北农鼎慧公司的步伐，更上一层楼。

农鼎慧社区商业生态流量价值

连洪　农鼎慧渠道合伙人

作为一位在互联网行业工作了 20 多年的老兵，我今天来聊聊大数据和农鼎慧的关系，在我 20 多年的职业生涯中，我见到过很多的互联网企业，"眼看他起高楼，眼看他宴宾客，眼看他楼塌了"，依据我过往的从业经历，今天我给大家来分享一个主题——大数据时代下的农鼎慧。

互联网两大特征

此前，农鼎慧董事长田锐先生说过，农鼎慧免费给政府提供民生数据，包括农贸市场周边所有农贸菜品的交易信息、消费者现金流信息等等，这些数据让有关部门的管理更加便捷，同时，我们也给商户提供详细数据，提升经营效率。所以说，农鼎慧天生具备互联网基因，这也说明了互联网两个大特征：第一个特征是免费；所有农贸市场包括整个机器铺设等等都是免费提供，免费方式让城市合伙人进入门槛低，就如同我们的互联网一样，免费让用户使用。第二个特征是开放；开放主要体现在我们农鼎慧平台是开放的，如果你有团队、拥有一定的资源，或者说你手上有闲置资金，你投资其他行业有较大风险，那么你可以参与到我们农鼎慧这个生态平台。作为农鼎慧的合作伙伴，你可以获得非常丰厚的回报。

世界本质是数据

我今天分享的第一个关键词就是大数据,我们世界的本质就是数据,大数据将开启一次重大的时代转型。

那什么是大数据呢?它存在的意义和用途是什么?数据在我们IT行业是一个专业的术语,大数据通俗的解释,就是海量的数据,大数据就是管理和利用大量数据的。

分开来讲,就是数据如何产生?数据如何搬运?数据如何存储?数据如何有效地整理起来方便使用?数据如何进行加工以提高价值?数据怎么使用?

那大数据的意义到底是什么呢?通过了解这些数据,又可以更深层次地去挖掘其他有价值的数据。在我们农鼎慧每个市场周边,有庞大的交易数据,通过这些数据我们就能实现合理的供应流通,这和现在网络流行的短视频根据用户喜好,推送内容是一个道理。

那么,农鼎慧这个平台在菜品供应环节,有菜品生产供应流通数据,中途运输有运输数据,农贸市场交易有大量交易信息、消费者购买信息、每个餐厅菜盒消耗量也同样存在大量交易信息等等,这些都是海量大数据。

预制菜政策红利

我分享的第二个关键词是预制菜,近年来,国家政策大力扶持鼓励发展预制菜行业,山东、河南、广西、湖北等地区陆续下发鼓励预制菜产业发展的政策文件,鼓励大力推进预制菜产业发展、培育预制菜龙头企业,鼓励企业加大研发投入,推动研发费用加计扣除、高新技术企业税收优惠及补贴政策落地。

需要说明的是,农鼎慧也获得了湖北省高新技术企业认证,可以看到预制菜产业已经形成从中央到地方的共识,预制菜产业已然成为国家政策红利。

流量带来财富机遇

我分享的第三个关键词就是流量，在很多年前，当个人开店做生意时，往往会选择人流量庞大的地点。因为流量往往意味着财富。而我们社区拥有十个社区团长，100个社区核心体验官，将拥有5 000到1万名会员，这就是农鼎慧的庞大流量支撑，也是财富的源泉。

更为重要的是，农鼎慧获取流量的方式与其他平台不同，农鼎慧通过以智慧菜场为桥头堡，为居民提供安全放心的菜品食材，为政府提供海量详细的民生交易数据，农鼎慧获得流量的成本也是很低的。那么，每个菜场每天都会产生大量数据，试想一下，全国有那么多城市，当我们城市合伙人达到50个时，将会产生几百万、上千万的流量，那么，我们就可以进行流量销售变现，比如：提供给农贸市场商户、广告投放等等。

当然，我们也可以利用我们的流量进行流量分发孵化，比如：潜江的小龙虾，通过我们农鼎慧平台流量优势快速推向市场。

总结一下，实际上我今天讲的三个内容，第一个是大数据，农鼎慧是干什么的，通过大数据能给农鼎慧带来什么帮助；第二个是预制菜，这个赛道正处在国家政策红利期；第三个是蕴藏无限商机的流量。

最后送给大家三句话，第一句话是，"人在一起，不是团队；心在一起，才是团队"。

第二句话是，"知识是没有力量的，相信并做到才有力量"。

第三句话是，"成功不是条件多好，而是信念有多强"。

希望这会对你有帮助。机会从不等待一些犹豫者、观望者、懈怠者、软弱者，只有与历史同步出发、与时代共命运的人才能赢得光明的未来。

农鼎慧对青山钢花综合市场的赋能和改造

骆伟　青山钢花综合市场智慧农贸平台市场经理

作为长期工作在农贸市场的人，我深知市场环境对于商户和顾客的重要性。过去的青山钢花综合市场存在许多问题，如卫生环境差、占道经营、乱堆乱放、气味难闻等，给商户和顾客带来了很大的不便和负面影响。自从湖北农鼎慧科技有限公司对市场进行改造后，这些问题得到了很好的解决，市场环境变得干净整洁，商户和顾客的满意度也得到了很大的提升。

农鼎慧在市场改造方面投入了大量的时间和精力。它们在对市场进行全面的调查和分析之后，制定了一套科学合理的改造方案。在具体改造措施方面，农鼎慧采取了多种有效方法：

1. 农鼎慧对市场进行了全面的清理和整治，使得市场的卫生状况得到了根本的改善。

2. 农鼎慧采取了一些创新措施，如建立数据大屏和公示屏等。这些大屏和公示屏可以实时显示市场的各种信息，如负责人头像、营业执照等信息，让商户和顾客更加直观地了解市场的信息和动态，更加放心地进行购物。

3. 农鼎慧还引入了智能溯源电子秤，智能溯源电子秤不仅能够快速准确地称量商品重量，还可以记录交易信息并上传至云端服务器。通过智能溯源电子秤的使用，商户可以更好地掌握商品的销售情况，制定更加合理的销售策略。同时，消费者也可以通过电子秤上的显示屏了解所购买商品的产地、重量、价格等信息，更加透明地了解整个交易过程，不仅让市场的管理更加便捷高效，还提升了市场的透明度和公正性。

农鼎慧董事长兼创始人田锐先生和他的员工们，为了实现智慧菜场的改造升级，付出了巨大的努力。他们在 2020 年 8 月的大热天里，光着膀子在青山钢花综合市场里安装调试设备，为市场的改造升级奠定了基础。他们的辛勤工作和付出得到了当时市领导的高度认可，同时也受到了省电视台、市电视台的采访和报道。在这个过程中，他们不仅为商户提供了更加便捷、高效的交易方式，也为消费者带来了更加安全、放心的购物体验。我记得那年冬天，他们几乎每天半夜 2 点就起床去批发市场进菜，非常辛苦，他们不惜付出巨大的努力和时间成本，确保食材的新鲜和质量，这种精神可敬可佩。

除了环境卫生和市场秩序的改善，农鼎慧还注重市场的长期发展和商户的利益。他们不仅为商户提供了更好的经营环境，还通过各种方式为商户提供更多的商机。例如，他们举办各种促销活动和展览展示，吸引更多的顾客前来购物。这些措施不仅提高了商户的销售额和利润，还增强了市场的竞争力和吸引力。

在未来的发展中，青山钢花综合市场将继续与农鼎慧合作，不断推进市场的升级和优化。我们将继续关注商户和顾客的需求和反馈，不断改进服务质量和经营策略，为市场的发展注入新的动力，我们相信在农鼎慧的帮助下，青山钢花综合市场将继续保持繁荣和发展，为更多的商户和顾客提供更好的服务体验。

后 记

我仔细地看完了这本集众智而成的书，感触颇多！

我边看边想现在的农鼎慧，同时不停迸发出新的想法、汇聚新的框架：这本书应该不是终点！这本书有点枯燥，虽然是真情实感的总结，但是过于实了！

其实，任何事物都要虚实结合。我想一年后再推出一本书籍，内容主要是在这个理论框架下应用落地的各种小故事，让农鼎慧生动起来，让社区商业生态更加的接地气，让农鼎慧的守护看得见、摸得着。

最近我们开始全国布局，在深圳、沈阳、武汉、南京、上海展开一系列的深度交流会。在交流过程中，各行业的大咖及资深人士在深入了解后，从各自行业角度进行了解读，一轮轮地打磨农鼎慧的运营思路，让农鼎慧的运营、渠道、资本三轮驱动的形态越来越清晰，更多的专业人士愿意加入农鼎慧事业，充分证明了农鼎慧架构体系的合理性：容易接受、容易合作、容易驱动、容易加入，共建共享！

在交流中我说，我希望我的女儿小橙子是吃放心菜长大的，引起所有人的共鸣！"放心菜、放心买、超便捷"九个字的农鼎慧商道从农鼎慧的第一张宣传单页上就有，三年多终于从纸上、口中落地到了现实中，做一件难而正确的事，一直做，此心不动！

我看着一张张真诚的脸，用诚挚的语言来说：农鼎慧在做一件伟大的事业！我没有感觉是吹捧，而是感觉到想为这个事业贡献的冲动，我相信每一位真心想参与的朋友将是农鼎慧生态最大的财富。

这篇后记是我在赶飞机的路上写就的，成书和现实商业模式闭环完成很契合！接下来会有些忙碌，但是有效，农鼎慧将会以肉眼可见的速度成长，开始《垂直进化》！

变自生变！各位读者将成为见证者，我更期望成为我们的同行者！

"守护十五亿人餐桌安全"，需要团结一切可以团结的力量！

田 锐

农鼎慧创始人兼董事长